8°R
20521

I0082168

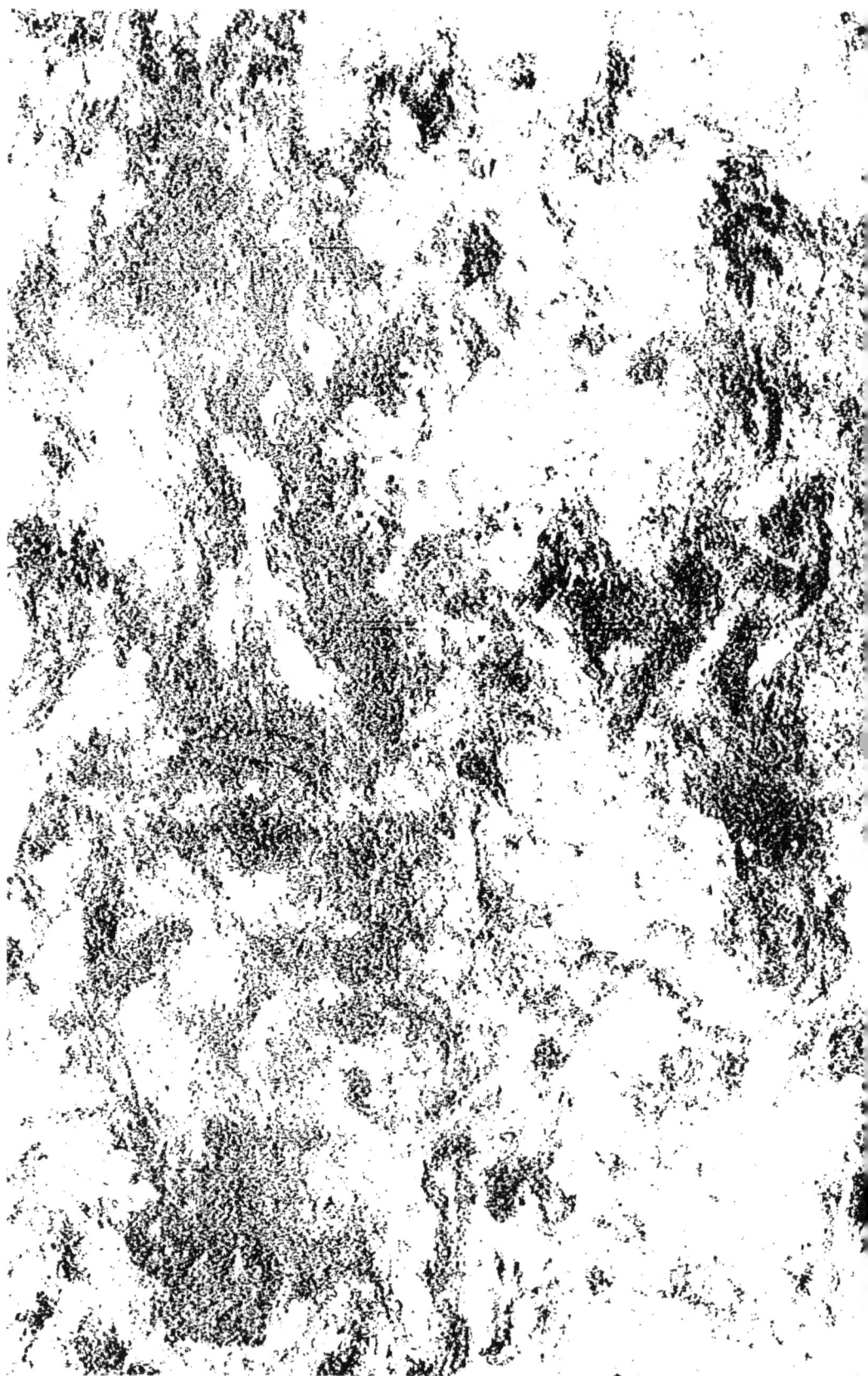

OULANGER
1968

8° R
20521

Prof. D' Albert ADAMKIEWICZ

# PENSÉE INCONSCIENTE

## ET

# VISION DE LA PENSÉE

ESSAI D'UNE EXPLICATION PHYSIOLOGIQUE
DU PROCESSUS DE LA PENSÉE ET DE QUELQUES PHÉNOMÈNES
« SURNATURELS » ET PSYCHOPATHIQUES

*Traduit de l'allemand par*

La Baronne Henri de ROTHSCHILD

PARIS
LIBRAIRIE MÉDICALE ET SCIENTIFIQUE
JULES ROUSSET
Rue Casimir-Delavigne et 12 Rue Monsieur-le-Prince

1906

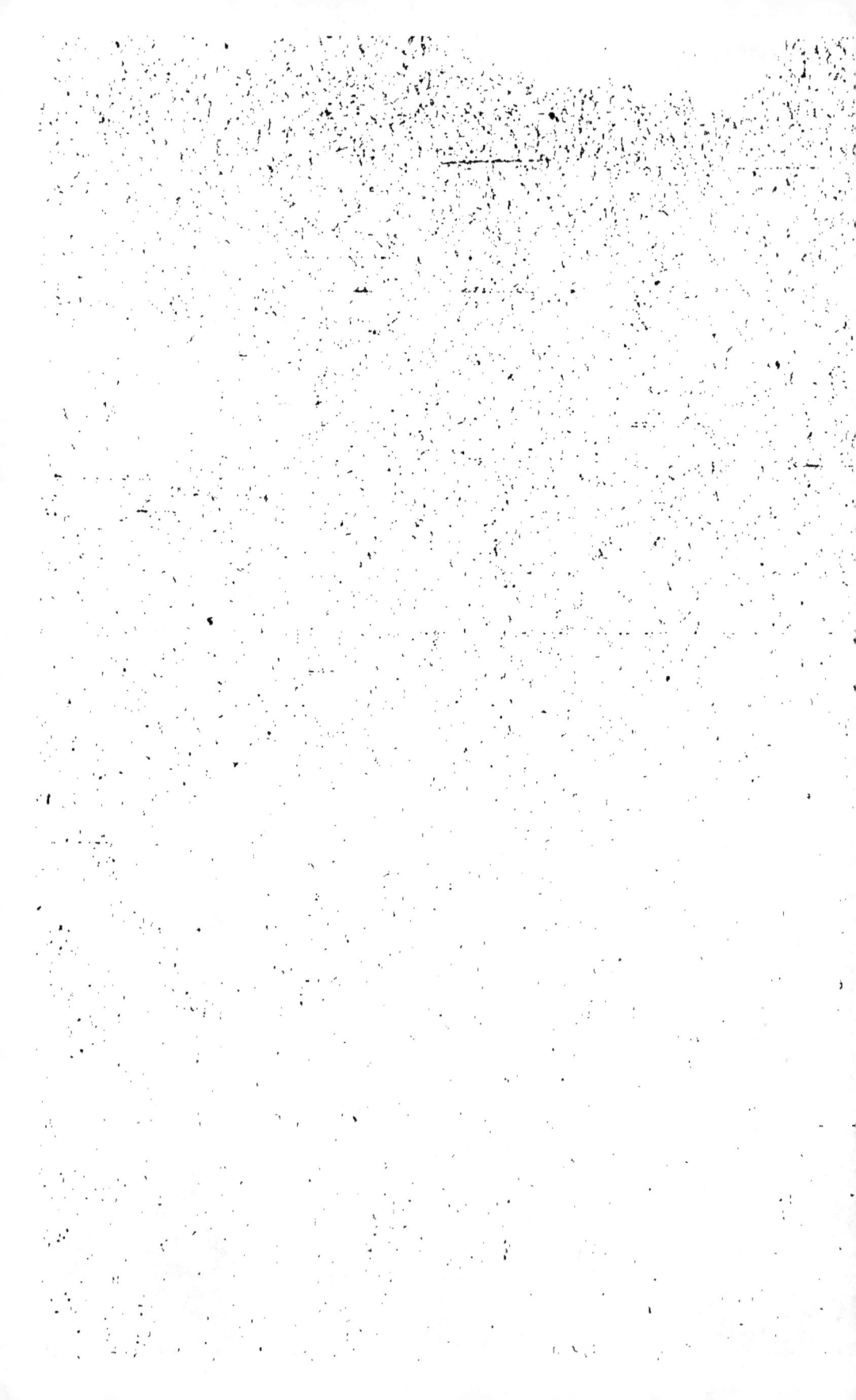

# PENSÉE INCONSCIENTE

ET

## VISION DE LA PENSÉE

2 H 53

8° R
20521

Prof. Dr Albert ADAMKIEWICZ

# PENSÉE INCONSCIENTE

## ET

# VISION DE LA PENSÉE

ESSAI D'UNE EXPLICATION PHYSIOLOGIQUE
DU PROCESSUS DE LA PENSÉE ET DE QUELQUES PHÉNOMÈNES
" SURNATURELS " ET PSYCHOPATHIQUES

*Traduit de l'allemand par*

## La Baronne Henri de ROTHSCHILD

PARIS

LIBRAIRIE MÉDICALE ET SCIENTIFIQUE

## JULES ROUSSET

1, Rue Casimir-Delavigne et 12, Rue Monsieur-le-Prince

1906

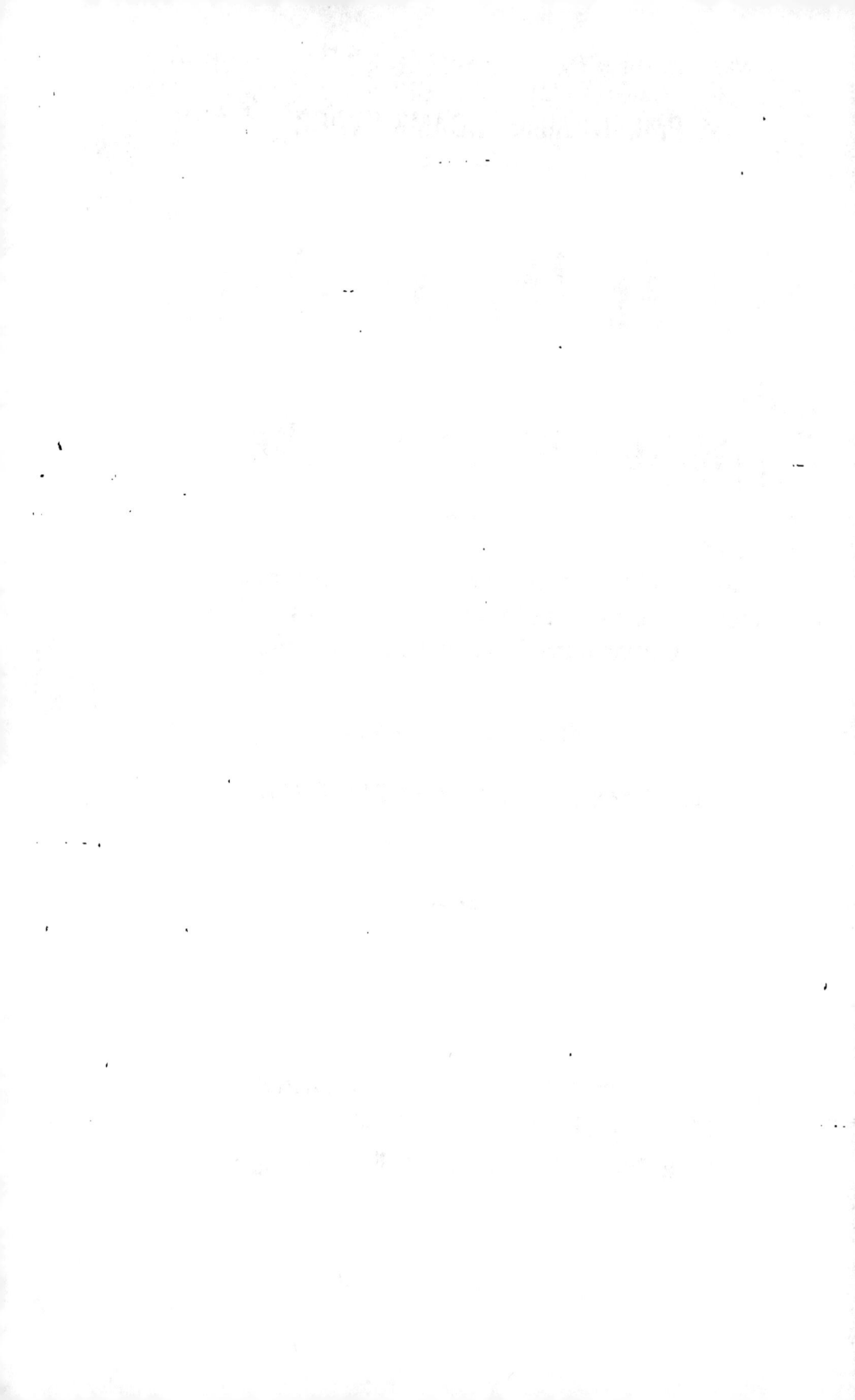

# PRÉFACE

La pensée est, suivant la conception domi-
nante, un produit de la conscience, et la conscience, une propriété exclusive et spécifique de
l'âme humaine. L'âme humaine ne fait pas partie
des choses perceptibles par les sens ; elle se
soustrait dès lors à toute investigation — telle
est la doctrine enseignée. Il faudrait par conséquent que la conscience, en tant que propriété
spécifique de l'âme, et que la pensée, en tant que
produit de la conscience, fussent également situées en dehors des limites des phénomènes que
l'esprit humain peut saisir, analyser et expliquer.

Si, cependant, on réussissait à résoudre par
l'affirmative la question de savoir, d'une part,
si l'on peut penser sans le secours de la conscience et, d'autre part, si l'on peut voir ce qu'on

pense (les pensées), on n'aurait pas seulement réfuté par là cette idée régnante que la pensée, la conscience et l'âme sont choses impossibles à analyser, à approfondir, on aurait encore démontré par là, d'une manière exacte, que le *processus de la pensée est un processus perceptible par les sens et que ses sources médiates ou immédiates, la conscience et l'âme, font partie du monde sensible.* C'est cette démonstration que nous avons essayé de fournir dans les pages qui suivent.

# I

## LA PROPRIÉTÉ FONDAMENTALE DES CHOSES ET LEUR AME SPÉCIALE

L'univers est formé de trois catégories de choses : les matières inorganiques, les plantes et les animaux.

Les matières inorganiques représentent les constituants les plus simples et les animaux les constituants les plus compliqués de l'univers ; le rang intermédiaire est occupé par les végétaux.

Ces trois catégories de choses qui constituent l'univers forment une chaîne continue dont les différentes parties se rattachent les unes aux autres et se compliquent au fur et à mesure qu'elles s'élèvent plus haut.

Chacune de ces parties présente les caractères de la catégorie à laquelle elle appartient, ainsi que la propriété fondamentale de la catégorie précédente.

C'est par ces propriétés fondamentales que les différentes parties, de même origine et de même valeur, au fond, s'enchaînent les unes aux autres. Mais c'est le nombre de leurs caractères qui détermine la place et le rang qu'elles occupent dans la série homogène.

Démontrons cela par un exemple :

Les pierres ont la propriété de la pesanteur. Les plantes la possèdent également, mais elles peuvent, en outre, croître et se multiplier. Les animaux sont doués des mêmes propriétés, et en plus de celle de se mouvoir à volonté. L'homme enfin joint à toutes les propriétés énumérées celle de *penser*.

Le fait de développer ces propriétés, non pas toujours, mais seulement quand elles servent, constitue ce qu'on appelle facultés.

La « faculté » commence chez les animaux et trouve dans le « mouvement » son expression la plus élémentaire.

La « motilité » est donc le premier degré de l'échelle ascendante des facultés du règne animal.

L'univers forme, comme nous l'avons dit, une

chaîne dont les parties se relient entre elles d'une manière ininterrompue et continuellement ascendante.

Il faut, par conséquent, que, dans chacune des trois catégories de choses sus-mentionnées, existent divers degrés de développement qui différencient, par exemple, le caillou de la pierre précieuse, la bactérie du chêne, le mollusque de l'homme, qui, lui, est la forme la plus compliquée, sinon la plus parfaite, de la création.

De même que l'animal est, de par ses facultés, supérieur à la plante, et que celle-ci, de par le nombre plus restreint de ses propriétés, se place au-dessus du minéral, de même l'homme l'emporte sur l'animal par son organisation qui le rend maître de la création et par sa *faculté intellectuelle* qui s'asservit cette organisation.

C'est donc la *faculté intellectuelle* qui doit constituer le point culminant de la création.

Le point culminant de la création est, pour les yeux de l'esprit de l'homme, ce que sont, pour ses yeux réels, les sommets des plus hautes montagnes de la terre.

Les cîmes des plus hautes montagnes de la terre sont invisibles pour les yeux réels de l'homme. Il faut donc également que le point

1.

culminant de la création, c'est-à-dire la faculté intellectuelle et la manifestation par excellence de cette puissance — la pensée — soient imperceptibles pour les yeux de l'esprit de l'homme.

Il n'est pas un homme raisonnable qui, faute de voir les sommets de montagnes à partir d'une certaine altitude, en déduise que ces sommets sont situés au-delà des choses perceptibles par les sens, c'est-à-dire en dehors du monde et qu'ils sont dès lors « surnaturels » et « divins ». Il concluera plutôt du fait de ne pas voir les sommets de certaines montagnes, que ce défaut de perception visuelle ne résulte pas de certaines propriétés incompréhensibles, inhérentes à ces hauts sommets, mais bien de certaines imperfections de ses yeux, dont la vision a une acuité et une portée limitées.

Or, au lieu d'appliquer la même conclusion à la faculté intellectuelle et à son produit le plus important, la pensée, et au lieu de dire : la faculté intellectuelle et la pensée sont, en tant que manifestations de l'énergie humaine, et comme l'homme lui-même, des fragments de ce monde ; si nous ne les comprenons pas, c'est tout simplement parce que notre intelligence, étant un des nombreux produits de la force créatrice de la nature, est en tout cas plus bornée que celle-ci et, partant, ne peut s'élever jusqu'à la plupart des créations naturelles, du moins pas jusqu'à la plus haute — au lieu de cela, on a commis et on commet encore aujourd'hui l'erreur de déclarer que la faculté intellectuellle et la faculté de penser, ne pouvant être comprises, ne sont pas de ce monde, qu'elles doivent s'élever au-dessus d'elles-mêmes et se situer au-delà du sensible, dans le monde « surnaturel », où ne « trône que la divinité ».

Le défaut de compréhension des œuvres les plus hautes de la création n'est pas dû seulement à l'insuffisance de notre force d'esprit : la raison naturelle en réside encore dans un autre fait.

Nous voyons sur les plus hautes cîmes de montagnes les évaporations de la terre s'accumuler sous forme de nuages qui les enveloppent et les cachent à la vue. Or, la pensée, expression la plus haute de la faculté intellectuelle, est, avec la conscience, un produit des fonctions psychiques dépendant d'influences exercées par le monde extérieur sur l'organe central de la pensée; ce produit ne se révèle dès lors, aux yeux de l'esprit, que dans l'image réflétée du monde animé, donc enveloppé par cette image — comme le sommet d'une très haute montagne par le vol des nuages —, au lieu d'apparaître, clair et net, comme une cîme se dressant dans l'éther pur.

C'est pour avoir méconnu tout cela et attribué l'invisibilité mentale de la pensée (c'est-à-dire sa nature rebelle à l'investigation scientifique et à la compréhension intellectuelle) à son essence intime et non à des circonstances extérieures, que l'on a considéré non seulement la pensée elle-même, mais encore la source d'où elle découle, comme situées au-dessus du monde sensible, comme des forces « surnaturelles » et par conséquent « divines », par lesquelles l'homme, seul de tous les êtres de la création, participerait à la divinité. Ce sont ces forces que l'on a appelées « âme ». Et depuis les temps de Socrate, c'est-à-dire depuis plus de deux mille ans, les attributs divins « d'immortalité » et d' « incompréhensibilité » décernés à l'âme se sont montrés assez tenaces, pour survivre non seulement à toutes les phases des croyances religieuses, mais encore à celles de la science et trouver dans l'*ignoramus, ignorabimus* de la profession de foi de Dubois-

Reymond, une affirmation qui n'a pas encore été, jusqu'à ce jour, réfutée scientifiquement.

Tant que subsistera la reconnaissance de cette ignorance, nous pourrons et nous devrons la considérer comme l'expression d'un fait historique.

Cependant, le bon sens commande déjà de se défendre contre l'avenir de résignation, affirmé par Dubois-Reymond, car en présence des choses considérées jadis comme irréalisables et que, tout modeste, il a cependant accomplies, il n'a pas à s'interdire l'avenir ou à s'en laisser cacher la vue.

Déjà le fait que les attributs sus-mentionnés portent sur des choses dont le caractère impénétrable admet la possibilité de cette hypothèse qu'il ne peut être déterminé par la nature intime de ces choses, en apparence incompréhensibles, mais qu'il est constitué par l'insuffisance de l'esprit humain à les pénétrer, déjà ce fait nous autorise à qualifier d'arbitraire et d'injustifiée toute tentative ayant pour but d'imposer des limites à la compréhension de n'importe quelle chose dépendant de la création. Cette tentative doit au reste échouer encore pour cette raison que la puissance intellectuelle n'est pas une chose simple qui suit un chemin tracé d'avance, mais qu'elle peut au contraire se guider seule et trouver elle-même la route de l'inconnu. Cette route, même si elle est méconnue, honnie et condamnée, fait une brèche salutaire dans la digue qu'opposent des préjugés erronés à une conception inexacte du monde. Par elle, la compréhension longtemps contenue s'avance jusqu'à la porte de la liberté, et, de ses flots libres, féconde de vastes régions demeurées inutiles et infécondes pendant des siècles. C'est ce qui a été prouvé, dans ces derniers temps, par exemple pour la pathologie, par la découverte de la nature protozoaire des cellules du cancer.

L'œil pour lequel le sommet d'une montagne est invisible peut cependant s'en faire une représentation très rapprochée de la réalité, en laissant le regard se porter, depuis le pied de la montagne, jusqu'à l'altitude que lui permet d'atteindre son acuité visuelle.

En effet, ce qui couronne la montagne ne peut, en somme, être autre chose qu'une portion de cette montagne, c'est-à-dire quelque chose d'identique à celle-ci par sa nature, et quant à sa forme, quelque chose qu'on peut, par expérience, déterminer approximativement.

Ainsi donc un sommet de montagne que l'œil

ne perçoit pas peut être reconstitué à l'aide de
certains facteurs donnés et être vu, sinon réellement, du moins mentalement, sous un aspect
voisin de la réalité.

Or, si la fonction psychique n'est autre chose
que le sommet invisible mais réel de la création
dans laquelle nous vivons, il n'existe aucune
raison logique qui s'oppose à ce que nous re-
construisions ce sommet par le même procédé
et à ce que nous le rendions visible, mentalement, sinon matériellement.

Laissons donc notre regard se porter le long
de la montagne des fonctions psychiques ascen-
dantes. Peut-être trouverons-nous, chemin faisant, la solution de l'énigme, refusée au regard
humain qui se porte directement sur la hauteur
« divine » de l'homme.

En effet, et sans chercher longtemps, nous
trouvons là, bien au-dessous du sommet divin
et à mi-chemin de l'altitude « surnaturelle »,
déjà des traces notables d'âme, de vie psychique
et de pensée. Elles se révèlent chez le cheval,
qui, en public, se comporte avec grâce et, sur
un signe, exécute dans le cirque des évolutions
compliquées ; chez le chien, qui, sur l'ordre de
son maître, lève le gibier et le lui rapporte in-
tact; chez l'oiseau, qui, à l'approche de l'hiver,

s'envole vers le Midi et retrouve, au printemps, le chemin de l'ancien nid ; chez l'escargot, qui, à l'approche du danger, rentre dans sa coquille, et même chez le ver de terre qui évite le sable, et recherche au contraire le sol humide et plein de racines où il trouve ce qui lui convient et lui assure la conservation de la vie. Et si nous descendons encore plus bas dans l'échelle des êtres, nous ne rencontrerons, à l'examen minutieux de leur nature, aucune limite où se perdent les dernières traces de manifestations psychiques, ni de point où commencent à en apparaître les premières traces.

Peut-il être question d'absence d'âme, lorsqu'on constate que le polype, moitié animal, moitié végétal, étend et rentre ses bras seulement lorsqu'il en a besoin ? Que la plante, avec un art « inexplicable » développe, dans un but déterminé, la fleur de la graine et le fruit de la fleur ? Que le sel, avec une précision mathématique surprenante, donc avec logique, condense en cristaux ses éléments en solution ? Que la planète poursuit sa voie d'après des lois éternelles, donc d'après les commandements d'une raison prédominante ? Tout cela ne démontre-t-il pas que, le but, la logique, la raison étant des attributs de l'âme, les animaux, les plantes,

les matières et les planètes, bref tout le monde
animé et inanimé détient une parcelle de
« l'âme »? Et si nous rencontrons « l'âme » par-
tout dans l'univers, dans les petites choses
comme dans les grandes ; si elle est précisément
la force qui emplit la création et anime jus-
tement ce qui soutient le monde, du petit au
grand, enfin si ce qu'elle soutient est l'ordre
que la raison seule peut ordonner, ne suit-il
pas de tout cela, avec une évidence absolue,
que *toute la création, tout l'univers et tout ce
que renferme cet univers*, tout ce qui *existe*
est, comme l'a déjà dit un autre, « doué de
raison » et, comme je dirai à mon tour, « doué
d'âme », et que l'homme n'est pas seul à déte-
nir ce privilège ?

Et si tout ce que renferme ce monde est « doué
d'âme », comme l'homme, ne se peut-il pas que
tout dans la création, être ou chose, possède,
comme l'homme, une parcelle de l'âme du
monde, *l'âme spéciale* qui correspond à *la place
et au rang qu'il occupe dans l'univers* ? Et étant
donné qu'aucun être, ni aucune chose de l'univers ne peut être remplacé par un autre, et que
chaque être ou chaque chose accomplit, à sa
place, les fonctions les plus élevées et les plus
parfaites qui correspondent à la notion qu'il ou

qu'elle représente, ne faut-il pas que « l'âme spéciale », génératrice de ces fonctions, établisse entre tous les êtres et toutes les choses de l'univers un rapport de dépendance réciproque, de solidarité et leur imprime aussi un caractère d'équivalence ?

Par conséquent, si la nature a doté l'homme, dans sa lutte pour la vie, d'une arme particulièrement parfaite, à savoir, la faculté de penser, qui pénètre le plus en avant dans la création et qui, dès lors, la commande le plus efficacement, elle a attribué aussi, même à la moindre parcelle de la création, non pas comme à l'homme la pensée, mais une autre faculté quelconque, spéciale à cette parcelle, tout aussi énigmatique que parfaite, et grâce à laquelle chaque parcelle de la création occupe une *première* place dans l'univers.

Et de ce que ces propriétés et ces facultés, telles que la réfraction double du spath calcaire, la luminosité de l'urane, le rayonnement du radium, la production de fleurs et de fruits des plantes, l'évolution des animaux depuis l'ovule, la nage des poissons et le dégagement d'électricité qui s'observe chez certains d'entre eux, le vol des oiseaux, etc., etc., paraissent tout aussi énigmatiques, incompréhensibles et inexplicables que la faculté de penser chez l'homme, il suit de tout cela d'une manière absolument claire : 1° Que la faculté de penser, considérée comme propriété de la matière humaine animée, ne se distingue pas, qualitativement, des propriétés fondamentales de toute autre matière de l'univers; 2° que la « faculté de penser », n'étant pas parvenue à résoudre tout à fait, en dépit de travaux et d'efforts séculaires, des problèmes tels que la nage sous l'eau et le vol dans les airs, problèmes que le poisson si inférieur psychiquement et l'oiseau si borné intellectuellement ont résolu depuis longtemps et sans la moindre difficulté; que la « pensée », dis-je, malgré sa force, ne plane pas au-dessus du monde sensible, ni ne s'élève au-dessus de lui, mais s'arrête certainement déjà bien au-dessous de ce niveau et n'effleure le « divin » pas plus que la nage et le vol des animaux, la production de fleurs et de fruits des plantes, qu'elle comprend du reste tout aussi peu qu'elle se comprend elle-même et sa nature soi disant « divine ».

## II

LA FACULTÉ DE PENSER CONSIDÉRÉE COMME PRO-
PRIÉTÉ FONDAMENTALE DE LA CELLULE DE
L'ÉCORCE CÉRÉBRALE, ET LA FACULTÉ INTEL-
LECTUELLE, COMME PROPRIÉTÉ PARTICULIÈRE
DE L'ÉCORCE CÉRÉBRALE HUMAINE.

Du moment que l'acte de penser est un phénomène de la nature, au même titre que tout
autre phénomène du monde réel, et que comme
tel il n'est qu'une des innombrables propriétés
fondamentales dont il existe autant que de types
de formes, il faut que cet acte ne soit pas seulement *de nature matérielle* (bien qu'en apparence difficile à démontrer) mais qu'il puisse
encore se prêter à une *explication mécanique*.
Si l'acte de penser est, de tous les phénomènes naturels, le plus significatif non seulement
parce que il couronne la création, mais encore
parce que, de toutes les forces de la nature, il

la comprend le mieux et la commande le plus, il faut considérer comme un des plus nobles devoirs de la science de ne pas se rendre en présence de la difficulté de l'analyser, mais d'en pénétrer courageusement le secret par les moyens dont elle dispose.

Or, devant le premier pas qu'elle fait dans ce sens s'élève déjà un obstacle formidable.

La psychologie physiologique désigne la pensée « consciente » comme caractère distinctif de l'âme. Pour elle, la pensée et la conscience sont des notions inséparables, sinon identiques.

La « conscience » serait une faculté tout à fait spéciale à l'homme. Or, une telle faculté appartenant à l'homme à l'exclusion de tout autre être vivant, non seulement se placerait, comme l'homme, au sommet de la création, mais encore s'élèverait, comme son âme, au-dessus de la création et serait, comme elle, *d'essence divine.*

Si la conscience et la pensée étaient choses inséparables, identiques, il faudrait aussi que la pensée s'élevât dans la sphère ultra-terrestre, au seuil de laquelle s'arrête toute explication mécanique.

Je démontrerai, dans ce qui va suivre, que ni

l'âme et la conscience d'une part, ni la conscience et la pensée d'autre part, ne sont choses inséparables, et que la conscience n'est non plus quelque chose de spécifiquement humain ou même d'immatériel. Je démontrerai qu'il *existe une pensée indépendante de la conscience*, et qu'il faut concevoir la pensée dans sa simplicité élémentaire et, en quelque sorte, comme le produit naturel et primordial de certains organes. Considérée sous cet angle, elle nous apparaîtra comme une simple fonction physiologique de ces organes et, par conséquent, comme le produit mécanique de leur travail.

Le fait que l'âme et la conscience sont des notions à séparer l'une de l'autre, et qu'elles existent l'une à côté de l'autre, est mis en lumière par la simple réflexion suivante :

Considérée *physiologiquement*, la conscience humaine n'est autre chose que *l'image du monde réel réflétée dans les ganglions de l'écorce cérébrale, et la perception de cette image.*

Cette réflexion du grand, du vaste monde dans un espace si singulièrement restreint et la transformation de l'image réflétée en la substance de la perception et de la conscience, doivent apparaître à l'homme, et non pas seulement

à l'homme naïf, comme le miracle le plus grand
du monde, comme une énigme indéchiffrable.

Mais les arts du magicien n'apparaissent-ils
pas de même, aux yeux des enfants, comme des
énigmes, comme des miracles, étonnants autant
qu'inexplicables, alors que le tour de main qui
produit « les miracles » apparaît, à celui qui
les connaît, si simple et si compréhensible ?

Ne pourrait-on pas tenter de jeter également
quelques regards dans les coulisses du processus psychique ?

Dès le premier coup d'œil jeté sur la pathologie, on voit tomber les voiles magiques du
charme resplendissant de la conscience, et l'on
constate aussitôt, d'une manière claire et nette,
que même à la conscience « divine », rien d'humain n'est étranger.

L'aliéné, le fiévreux délirant, l'épileptique au
moment de l'attaque, ne reconnaissent plus
rien, n'ont plus de conscience. Et cependant
chacun d'eux vit. Tant que l'homme existe, bien
portant ou malade, il est en possession d'une
âme. Or, si l'aliéné, le fiévreux délirant, l'épileptique n'ont pas de conscience, tout en ayant
une âme, il faut bien que l'âme et la conscience
soient deux choses distinctes l'une de l'autre,
et que la conscience soit une propriété de

l'âme qui ne lui est pas absolument indispensable.

Si l'on peut déduire de cela que la conscience n'est pas une propriété inhérente à l'âme humaine, on peut aussi démontrer qu'elle ne possède pas non plus le caractère de propriété spécifique de l'âme humaine.

Car les animaux sont, eux aussi, doués de conscience.

Le ver qui se contracte quand il se sent menacé ; la poule qui protège ses poussins quand on les attaque ; le chien qui meurt sur la tombe de son maître plutôt que de lui devenir infidèle, tous ces faits fournissent la démonstration évidente qu'il existe chez les animaux non seulement une conscience, mais encore des degrés de conscience auxquels la conscience humaine n'atteint pas toujours et qu'à plus forte raison elle ne peut pas dépasser.

Si déjà ces faits indiquent que la conscience n'est pas une faculté exclusivement spéciale à l'homme et que, loin d'être surhumaine et divine, elle présente plutôt un caractère subhumain, la pathologie vient à son tour nous fournir le moyen de déterminer pour la conscience elle-même un certain équivalent « mécanique ».

Une chute faite d'une certaine hauteur, un coup porté sur le crâne, un épanchement, dans la substance cérébrale, de sang provenant de la rupture d'un petit vaisseau (apoplexie) sont susceptibles de priver l'homme de sa conscience.

De ce que l'homme perd conscience juste alors que la substance cérébrale subit une lésion mécanique ou un dommage matériel, il s'ensuit avec une rigueur presque mathématique non seulement que la conscience est une fonction matérielle de la substance cérébrale normale, mais encore qu'elle manque de tout caractère surnaturel, au point de succomber même à un léger trouble cérébral, dont elle est par conséquent *l'équivalent* au point de vue mécanique.

La démonstration de la disparition de la conscience à la suite de la moindre atteinte portée à l'intégrité du cerveau établit que la conscience est non seulement une simple fonction de la substance cérébrale, mais encore, d'une manière générale, une fonction physiologique élémentaire du corps, au même titre que la sécrétion et la contraction. L'analogie de la conscience de l'écorce cérébrale avec la sécrétion, par exemple, du rein ou avec la contraction du muscle

2

découle encore de ce fait que l'homme, de même qu'il perd la conscience dès que son écorce cérébrale est lésée, voit s'arrêter sa fonction uropoïétique dès qu'il y a lésion rénale, et ses mouvements dès qu'il y a lésion musculaire. Nous reconnaissons, enfin, entièrement la caducité de la conscience tant célébrée de l'homme, en considérant que cette force succombe déjà à une atteinte de la substance cérébrale qui y produit non pas même de grosses altérations matérielles, mais simplement des altérations moléculaires, et qu'il suffit d'une plus ou moins grande quantité d'hydrocarbures pour paralyser les ailes audacieuses de la conscience et précipiter l'homme de sa hauteur divine dans le bas-fond de sa nature animale.

# III

## LA PENSÉE INCONSCIENTE

Si donc la pensée est une fonction qui appartient à l'âme autant qu'à la conscience, mais si l'âme peut exister sans la conscience et que celle-ci ne soit pas de nature immatérielle, il faut que l'acte de penser soit, en tant que manifestation de l'âme, dépourvu de conscience, et que, comme manifestation de la conscience, il ne soit pas de nature immatérielle. Or, s'il existe en fait une pensée qui soit possible sans le concours de la conscience et qui soit de nature matérielle, il faut que le processus de la pensée, l'acte physiologique primaire de la pensée, qui devient, grâce à la vie, l'éducation et le travail, l'œuvre d'art la plus grande du monde, soit non seulement un processus inconscient, mais encore un processus élémentaire d'ordre mécanique.

Le présent travail a pour but la recherche physiologique exacte de ce processus.

La solution de la question réside dans la réponse faite aux trois questions suivantes :

1° Y a-t-il une pensée « inconsciente »? Quelle est son origine ?

2° Si la pensée « inconsciente » existe, comment parvenons-nous à avoir connaissance de ce qui la constitue?

3° Si nous avons « connaissance » de ce qui constitue la pensée « inconsciente », à quelle conception scientifique de la pensée cette « connaissance » nous conduit-elle ?

### 1° Quelle est l'origine de la pensée « inconsciente. »

Toute cellule d'organe a une fonction propre, tout à fait *spécifique*. La cellule de la glande salivaire élabore de la salive; celle de la muqueuse stomacale, de l'acide chlorhydrique et de la pepsine; celle des canalicules rénaux, de l'urée; celle du foie, de la bile et du glycogène. C'est un fait établi que l'écorce du cerveau est l'organe de la pensée (1). Il faut, par conséquent,

(1) Cf. Adamkiewicz. L'écorce du cerveau considérée comme organe de l'âme. *Wiesbaden*, 1902, Bergmann.

que *la fonction spécifique des cellules de l'écorce cérébrale consiste à produire des images psychiques.*

C'est là sa fonction spécifique autant que physiologique, donc toute naturelle, fonction qui n'est, du reste, ni plus ni moins énigmatique que ne l'est l'élaboration de ptyaline, de pepsine, d'urée, de bile ou de glycogène dans leurs sources respectives.

Existe-t-il un physiologiste qui croie savoir *comment* la cellule stomacale élabore la pepsine et la cellule hépatique, la bile, et ce qui les en rend capables ?

S'il ne le sait pas, qu'est-ce qui l'autorise à se comporter comme s'il le savait, ne reconnaissant l'insuffisance de son savoir, voire son ignorance, qu'au sujet de la production d'images psychiques dans l'écorce cérébrale ?

Mais s'il est vrai que par l'obscurité de leur genèse, les images psychiques se placent au rang même des autres fonctions physiologiques élémentaires ; qu'en général, toutes les choses et tous les phénomènes du monde animal, végétal, inorganique, ont ceci de commun que leur origine est cachée par des voiles que la nature ne permet même pas de soulever ; que les sources de la réfraction double, du magnétisme et de

l'électricité nous sont aussi peu connues que
celles de la luminosité de l'urane et de la radio-
activité du radium, ou celles du développement des animaux et des végétaux et de leurs
diverses fonctions; si cela est vrai, l'intelligence
scientifique se refuse à considérer le caractère
énigmatique de la formation des phénomènes
psychiques comme leur appartenant en particulier ou comme une barrière opposée à la recherche de leur nature en général ; elle commande, au contraire, de s'attaquer à eux avec
les méthodes d'investigation physiologique
exactes, grâce auxquelles on est déjà parvenu à
jeter une si vive lumière sur les autres fonctions
physiologiques élémentaires de l'homme et des
animaux.

Tout récemment j'ai fait remarquer (1) qu'il
faut distinguer deux sortes de travail physiologique des organes et de leurs cellules : l'une
qui est assurée et entretenue par le processus
vital lui-même, par les processus internes de la
circulation, et l'autre, par des excitations spé-
ciales, par l'activité nerveuse que provoque
les irritations extérieures. J'ai appelé activité

(1) L'écorce cérébrale considérée comme organe de
l'âme.

*subactive* (1) des organes, la première sorte de travail physiologique ; la seconde, je l'ai qualifiée d'*active*, et j'ai démontré que seul le travail actif constitue la fonction qui dessert de toute sa force l'ensemble de l'organisme, alors que le travail subactif des organes et des cellules n'est que la copie, l'ombre de cette fonction, donc une sorte de « fonction minima », sans but et sans effet.

La physiologie n'a, jusqu'à présent, reconnu comme « activité » réelle des organes que l'état des organes que j'ai qualifié d' « actif » ; elle a, par contre, complètement négligé l'état « subactif », qu'elle a considéré comme état de « repos » des organes. En ce faisant, elle commit une faute évidente. Le corps et les organes vivants ne peuvent « être en repos », la vie étant le mouvement et le mouvement, le travail. La « subactivité » des organes est si peu le « repos » qu'elle forme, comme nous le verrons bientôt, non seulement avec l' « activité », mais encore avec le « repos » des organes, un contraste significatif, intéressant et remarquable au plus haut degré.

Du moment que la « subactivité » n'est pas le

(1) L'auteur emploie dans le texte allemand le qualificatif *inactif* et le substantif *inactivité*.

« repos », mais un mouvement obscur (Weben) des organes, entretenu d'une manière que ne nous rendent perceptibles ni les excitations perceptibles ordinaires, ni même le processus vital, il faut que cette « subactivité » élabore un certain produit, et que l'état subactif possède un certain fond. Et il faut que ce produit et ce fond *ressemblent* qualitativement au résultat du travail « actif », à fin déterminée, de ces organes ou de leur fonction physiologique.

C'est ainsi que, par exemple, les glandes salivaires ne fonctionnent pas seulement lorsque la bouchée introduite dans la cavité buccale irrite les branches maxillaires du trijumeau et excite par réflexe la corde du tympan, mais encore lorsqu'il n'y a rien à mâcher dans la cavité buccale et que, physiologiquement, les glandes salivaires sont « au repos. »

Ce qui existe toujours dans la cavité buccale, que les glandes salivaires soient excitées ou non, c'est de la salive, c'est-à-dire le produit des glandes salivaires, différent au point de vue de la quantité, mais *identique* au point de vue de la qualité.

Le produit des glandes salivaires, identique sous le rapport de la qualité, mais variable sous le rapport de la quantité, ne peut représenter autre chose que le résultat de leur travail *positif*, bien que ce résultat soit quantitativement variable.

Or, l'écorce du cerveau travaille, tout comme les glandes salivaires, non seulement lorsque les irritations de l'extérieur pénètrent jusqu'à elle par les organes des sens, lui transmettent l'image du monde et l'excitent par là à accomplir le travail « actif », la fonction productive qui *lui* est particulière, elle travaille encore quand les organes des sens sont « au repos », que les irritations venant du dehors ne franchissent pas leurs portes closes : même en l'absence de ces stimulants, elle poursuit silencieusement, obscurément son activité, entretenue seulement par le processus vital toujours en cours, même « au repos », et par la pulsation discrète du sang qui y afflue d'une façon ininterrompue.

L'écorce cérébrale qui travaille d'une manière « *active* », c'est-à-dire l'écorce qui, par les organes des sens, reçoit l'image du monde extérieur, qui laisse agir sur elle les irritations venant du dehors et qui, par elles, est sollicitée d'accomplir son travail spécifique, propre, c'est l'écorce à l'*état de veille*. Le produit du travail de l'écorce à l'état de veille, c'est la pensée ; la pensée produite à la lumière du jour, c'est la conscience.

La *pensée consciente* est donc le produit du travail « actif » de l'écorce cérébrale.

Dans l'état « subactif », l'écorce cérébrale fonctionne indépendamment de toute impulsion du dehors, en l'absence de toute excitation provenant du monde extérieur et, par conséquent, sans recevoir l'image de ce monde. Sous l'influence du courant sanguin qui entretient le processus vital, elle accomplit obscurément le travail qui lui est *propre*. Or, son travail spécifique étant la pensée, et la pensée produite à la clarté du jour étant la conscience, le produit du travail subactif de l'écorce du cerveau ne peut être que de *la pensée sans conscience*.

La persistance du travail obscur de l'écorce cérébrale, en l'absence d'excitations extérieures, d'images du monde réel, et par le simple fait de l'impulsion fournie par l'activité vitale interne, s'observe dans le *sommeil*, c'est-à-dire lorsque les sens assoupis empêchent les excitations de l'extérieur de parvenir jusqu'à l'écorce cérébrale. L'état « subactif » de l'écorce cérébrale, c'est donc l'état de l'écorce *endormie*, et ce que l'écorce produit dans l'état de sommeil, c'est le rêve.

Par conséquent, rêver, c'est penser « inconsciemment », et le travail de l'écorce endormie constitue le processus représentant *l'acte de penser dans sa forme fondamentale physiologique élémentaire*. Le fond de ce mode de penser, c'est l' « inconscient » lui-même.

Or, si toute activité élémentaire des organes est identique à celle de l'écorce cérébrale, si toute activité des organes s'accomplit d'une manière tantôt « active », tantôt « subactive » et si le travail « subactif » de l'écorce cérébrale n'est autre chose que le « rêve », on peut en déduire, pour tout organe du corps, qu'il « rêve » dans l'état « subactif ».

Dès lors, si le « rêve » n'est autre chose que la désignation du fait, connu par sa manifestation, mais inconnu et incompris quant à son fond, du travail « subactif » de l'écorce cérébrale qui, ainsi que nous le savons, n'a absolument rien de spécifique pour le cerveau, on peut dire de toute cellule vivante qu'elle « rêve ». Et comme rêver, c'est « penser inconsciemment », *il s'ensuit qu'il faut qu'à la fonction de toute cellule vivante préside, comme force impulsive, un processus analogue à celui qui fait penser le cerveau d'une manière inconsciente.*

## 2° Comment « l'inconscient » se révèle-t-il
## à nous ?

Bien que, par leur activité à produire des images psychiques, les ganglions de l'écorce cérébrale ne diffèrent ni physiologiquement, ni matériellement de l'activite des cellules productives des autres organes à déterminer la fonction qui leur est propre, ils possèdent cependant une propriété qui fait défaut aux cellules des autres organes : c'est la propriété de percevoir immédiatement ce qu'ils produisent.

L'écorce du lobe occipital non seulement reçoit les images de la rétine, mais encore les sent en même temps, les *voit*, tout comme les cellules ganglionnaires de l'écorce du lobe temporal non seulement perçoivent d'une manière abstraite les ondes sonores enregistrées par l'ouïe, mais encore les *entendent* d'une manière tout à fait concrète.

Donc le fait que l'écorce du cerveau forme, à l'état « subactif », des « images psychiques » signifie qu'elle ne produit pas seulement des pensées abstraites, mais encore des phénomènes optiques, acoustiques, olfactifs et gustatifs, bref tout ce qui constitue *la faculté spécifique de l'écorce cérébrale de produire à l'état de conscience.*

Il en résulte que la vie psychique « subactive », bien que ne donnant pas une reproduction fidèle du monde réel et de la réalité, n'en doit pas moins comporter un fond *qualitativement identique à la réalité* et, par conséquent, représenter, à côté du monde réel et de la réalité, un autre monde tout à fait analogue à celui-ci, bien que sans réalité.

C'est ainsi que l'homme vit, en même temps, deux vies et, alternativement, dans deux mondes. Et comme chacun d'eux prend environ la moitié du travail de son écorce cérébrale, il est, pour lui, comme pour la science, du plus haut intérêt d'apprendre à connaître, outre le monde de la réalité qui emplit sa conscience, le fond spontanément constitué du monde illusoire de « l'inconscient », qui se partage avec la conscience la somme totale de la vie psychique.

La « connaissance » étant le résultat d'un travail psychique « conscient », et le travail « actif » de l'écorce cérébrale pouvant seul être « conscient », il faudrait logiquement que la

« connaissance » de « l'inconscient » parût impossible, et paradoxale la question de savoir ce qui constitue le fond, la substance de « l'inconscient ».

Cependant l'existence déjà démontrée physiologiquement du travail « inconscient » de l'écorce cérébrale établit que la « connaissance » de l' « inconscient » (qui renferme une contradiction psychologique stricte) n'est pas un fait susceptible d'être élucidé par le processus proprement dit de la pensée, et que, par conséquent, la psychologie devra devenir en somme une science de conception non abstraite, mais plutôt concrète, basée sur la physiologie, bref une science exacte.

Et de fait, déjà le processus qui nous rend « conscient » l' « inconscient » est lui-même grossièrement matériel.

Car le pont qui, du domaine nébuleux de l' « inconscient », conduit dans le pays ensoleillé de la « conscience » n'est pas, comme on pourrait le croire, formé de vapeurs, mais construit avec des matériaux solides et grossiers. C'est ce qui peut se déduire facilement de ce qui va suivre.

Comme je l'ai déjà démontré (1), l'écorce cé-

(1) L'écorce cérébrale considérée comme organe de l'âme.

rébrale emmagasine les excitations que lui
envoie le monde extérieur et que lui transmettent les organes des sens et ce, grâce à certaines
propriétés de sa matière qui correspondent à
celles qui rendent le rouleau de cire du phono-
graphe sensible aux vibrations de l'air, et qui
doivent par conséquent être de nature physique.

Le résultat des excitations que les irritations
du monde extérieur apportent à l'écorce cérébrale par la voie des sens, ce sont les images
psychiques, qui, suivant la nature des irritations
et des sens transmetteurs, naissent dans telle
ou telle région de l'écorce et comportent un
fond vivant comme la vie elle-même.

Ce sont donc ces images psychiques qui,
telles qu'elles naissent et sont perçues dans les
cellules de l'écorce cérébrale, en vertu de leur
caractère physiologique spécifique, s'enracinent
en même temps mécaniquement dans ces cellules en vertu de certaines propriétés physiques
de la matière cellulaire et parviennent à entrer
définitivement, comme images mémoratives, en
la possession de l'âme.

Mais la matière cérébrale ayant la propriété
de retenir d'une manière physique, c'est-à-dire
avec une force primordiale et irrésistible, les

images psychiques nées dans l'écorce cérébrale, tout comme la plaque sensible fixe les photographies, elle retient précisément comme images mémoratives toutes les images psychiques qui y naissent, sans égard à leur provenance, tout comme la plaque préparée reçoit tous les rayons lumineux, peu importe qu'ils proviennent de la lumière du jour, de la lumière du magnésium ou de la lumière électrique.

Si les images psychiques sont produites dans l'écorce cérébrale de deux manières, d'un côté, par les irritations du monde extérieur pendant l'état de veille, c'est-à-dire d'une manière active, et de l'autre côté, par le simple processus de la nutrition et le mouvement moléculaire du processus vital, c'est-à-dire d'une manière « subactive » ou « spontanée », il faut aussi que dans l'écorce cérébrale se fixent deux sortes d'images mémoratives : celles issues de son travail actif et celles issues de son travail subactif, c'est-à-dire, images mémoratives de la réalité et images mémoratives de l'inconscient. Mais les souvenirs de l'inconscient, en se fixant *mécaniquement* dans la substance de l'écorce cérébrale, finissent par entrer, *par voie purement physique*, en la possession *définitive*, donc consciente du cerveau. Et c'est ainsi que l' « inconscient » devient conscient par *le moyen grossièrement matériel de la propriété de mémoration mécanique de l'écorce cérébrale.*

Si dans la substance des cellules de l'écorce cérébrale, comme sur une plaque photographique, les images se reproduisent d'autant plus nettement et se fixent d'autant mieux que la lumière qui les produit est plus vive et plus intense, il n'est pas étonnant que les images psychiques, suscitées par les irritations intenses du monde réel et par la lumière pénétrante de la réalité, laissent des photographies plus nettes et plus persistantes que ne le sont les créations de l'activité psychique inconsciente, produites par les lueurs « invisibles » et en tout cas trop faibles du processus vital.

C'est ainsi que s'explique pourquoi les images imprécises qui passent de la vie psychique « inconsciente » dans la vie psychique « consciente » sont imparfaites et fragmentaires et finissent par pâlir et s'évanouir sous l'action de la vive lumière du jour et des images nettes de la réalité. Il n'est pas nécessaire de démontrer que, dans de pareilles conditions, la connaissance de l'inconscient n'ait pu que demeurer très imparfaite et fragmentaire. On comprend dès lors que les phénomènes tout à fait réels de l'incons-

cient aient pu produire l'impression de phénomènes énigmatiques, abstraits et même surnaturels : ces caractères constituent la raison toute
naturelle pour laquelle on n'a même pas tenté,
jusqu'à présent, d'élucider *scientifiquement* la
question des phénomènes de l'inconscient, ou
de faire rentrer ceux-ci dans un cadre physiologique solide, et font comprendre pourquoi tout
ce qui, jusqu'à présent, a été dit ou supposé au
sujet de l'essence et de la nature de ces phénomènes ne pouvait être autre chose qu'un mythe
creux et sans valeur.

### 3' Qu'est-ce qui constitue le fond de l' « incons- cient » et que nous apprend-il ?

De même que la vie psychique « consciente »
et l' « inconsciente » se développent, il est vrai,
sur le même terrain constitué par l'écorce cérébrale, mais dans des conditions toutes différentes, de même leurs créations ont un axe
commun, autour duquel tout tourne, et un fond,
caractéristique pour chacun des deux domaines,
mais à deux tendances diamétralement opposées l'une à l'autre.

L'axe commun aux deux domaines est constitué par *l'unité de la personnalité* qui, dans chacun d'eux, joue le rôle de sujet et correspond à la personne du possesseur de l'écorce où se déroulent la vie psychique consciente et l'inconsciente.

Dans un travail récent (1) j'ai démontré que la personne, telle qu'elle est en réalité à l'état conscient, actif, se présente aussi dans toute son individualité physique et psychique comme une création de l'activité subactive de l'écorce cérébrale, et que, dans le domaine de l'inconscient, elle existe non seulement comme sujet, bien entendu, mais encore comme contrefaçon psychique fidèle du véritable sujet, pourvu de toutes les nuances, même les plus subtiles, propres à ce sujet.

C'est pourquoi l'homme se *sent* dans le rêve, tout comme il s'y *voit*, bien que n'étant là qu'une simple copie psychique de sa personne réelle, physiquement et psychiquement *identique* à cette réalité.

Mais tandis que le « moi » actif agit, domine l'esprit et le corps de sa personne et, par cette domination, se situe lui-même dans le monde réel, gagne de l'influence sur celui-ci et par là

(1) L'écorce cérébrale considérée comme organe de l'âme.

devient en réalité *sujet*, le « moi » subactif, malgré toute sa concordance avec le « moi » actif, demeure un simple produit du travail inconscient des ganglions et, comme tel, un *objet* de l'activité élémentaire des cellules corticales, *objet* équivalent et lié à tout autre produit de cette activité, donc dépourvu de puissance et de réalité — et, par conséquent, l'ombre du « moi » actif, perceptible pour le « moi » subactif grâce à la propriété de perception des cellules corticales, et projeté au dehors grâce à leur propriété de projection, bref, une *vision* de la personne elle-même.

Le fond de l'« inconscient » existant à côté du « moi » subactif est, comme ce « moi », une création de l'écorce cérébrale subactive, et, pour les mêmes raisons que ce « moi », il est perçu par l'écorce cérébrale subactive et projeté au dehors. Tout comme le sujet, le reste du fond du domaine de l'inconscient est *vision*.

Mais tandis que le *sujet* dans le domaine de l'inconscience correspond, pour des raisons qui nous sont encore inconnues, à la personne qui a les visions et par conséquent à la réalité, les objets qui constituent le reste du fond de ce domaine *n'ont pas de rapports immédiats avec le monde réel;* ils se produisent pour des raisons intérieures et *dès lors ne peuvent plus rentrer dans le cadre limité et solide du monde réel.*

Cette *identité* du *moi* subactif et du *moi* actif, d'une part, et d'autre part, cette divergence qui existe entre les objets subactifs et ceux du monde réel, forment la base sur laquelle tous les phénomènes du domaine de l'inconscient peuvent être expliqués et *ramenés* à des lois physiologiques.

## A. — *Le sujet dans l'inconscient.*

Les deux « moi » opèrent séparément : le moi actif, à la lumière de la conscience et de la réalité ; le moi subactif, dans l'obscurité de l'inconscient et du rêve. Au point de vue physiologique, les deux s'excluent réciproquement.

Mais le moi « subactif » concordant parfaitement avec le moi « actif » et constituant la seule création de l'écorce subactive qui non seulement revienne régulièrement, mais encore copie la réalité avec une fidélité absolue, il s'ensuit que la personne se trouvant en état d'inconscience n'a pas la moindre raison de ne pas considérer son moi subactif comme actif, réel et vrai, pas plus qu'elle n'a de raison de douter de ses sens

3.

et de considérer comme fausses les créations
du monde dans lequel elle se meut elle-même.

*C'est pourquoi le mot « subactif », bien que
vivant dans un monde d'illusion, prend cette
illusion pour de la vie entière, réelle.*

Tant que l'alternance d'activité et de subactivité
de l'écorce cérébrale a lieu dans des limites
physiologiques, cette illusion, pour ainsi dire
physiologique, ne saurait avoir aucune espèce
de signification. Elle est le résultat de l'activité d'une fonction physiologique grandiose qui,
comme bien des choses de la nature, a son but
en elle-même et qui peut tout au plus offrir,
comme bien des phénomènes de la nature, tels
que le chant des oiseaux, le parfum des
fleurs, etc., une sorte d'amusement, de récréa-
tion à l'organe de la pensée fatiguée et qui se
repose de son travail de jour.

Mais quand la subactivité de l'écorce cérébrale
*dépasse sa mesure physiologique*, que les cellules ganglionnaires de l'écorce cérébrale main-
tiennent plus fortement que d'habitude l'état
de subactivité et qu'elles deviennent alors insen-
sibles aux irritations qui, dans des conditions
normales, les mettent en état actif, déterminent
et entretiennent cet état actif, alors, *la subactivité de l'écorce, et par conséquent son produit, sa*

*création, son monde d'illusion et de visions,*
*tout devient persistant.* Elle recouvre alors
de son mensonge les perceptions sensorielles
de l'écorce devenue hyposensible aux excitations du monde réel, tout comme, inversement,
les perceptions sensorielles de l'écorce normalement sensible à ces excitations recouvrent,
dans des conditions physiologiques, les créations de l'écorce subactive.

Dans le cas où cela se produit, l'écorce cérébrale cesse de fonctionner normalement. Et
quand l'écorce cérébrale cesse de fonctionner
normalement, son possesseur cesse de se porter
bien. Le malade vit dès lors dans le monde
créé par *la subactivité persistante* de ses ganglions et *ne perçoit plus la réalité.* Il est en
proie à l'illusion. La subactivité est devenue
*psychose.*

Il ne saurait guère y avoir de doute que,
dans l'ivresse alcoolique, dans le stade post-
épileptique, dans les délires de la fièvre et de
l'intoxication, dans la folie de la persécution, il
ne s'agisse d'une permanence d'états de subactivité physiologique de l'écorce cérébrale. En
tout cas, la connaissance des états d'activité et
de subactivité de l'écorce cérébrale fournit la première base scientifique qui permette de rame-

ner certaines *psychoses* à des lois physiologiques et leurs phénomènes fondamentaux à une
source primordiale commune, et, par conséquent, d'établir entre eux-mêmes des rapports
de parenté.

Cette connaissance nous révèle encore un
autre fait extrêmement important.

Le « moi » subactif est, à vrai dire, une copie
fidèle du « moi » actif, c'est-à-dire de la personnalité réelle ; et cependant il n'est autre
chose qu'un produit de l'écorce cérébrale subactive, donc une image psychique, douée toutefois, comme telle, de mouvement propre et
d'une certaine indépendance psychique.

Or, du moment que l'écorce cérébrale subactive exclut la conscience, il s'ensuit que si le
« sujet », dans le domaine de l'inconscient,
constitue, en tant qu'*objet* de l'écorce subactive,
une contradiction logique, ce n'en est pas moins
un fait physiologique, et comme tel, il fournit
un nouvel argument à l'appui non seulement
de ce que la psychologie dépend de la physiologie et non de la logique, mais encore de ce que
*la personne se trouvant en état d'inconscience*
*croit bien agir, alors qu'en réalité, ne possé-*
*dant ni conscience, ni volonté, ni connaissance*
*de la réalité et de son rapport avec celle-ci,*

elle ne fait automatiquement que ce que lui impose l'écorce subactive.

Il n'est guère besoin d'insister davantage sur l'importance de ce fait en psychologie, en médecine légale, notamment au point de vue de la responsabilité individuelle.

Il me reste, par contre, à parler d'un autre phénomène du domaine des maladies mentales, phénomène tout aussi important, encore insuffisamment approfondi jusqu'à ce jour, et qui peut également s'expliquer très bien par l'identité physiologique que présentent le moi « actif » et le moi « subactif », ainsi que par le trouble pathologique de cette identité.

L'identité du moi « subactif » et du moi « actif » existe tant que l'activité et la subactivité de l'écorce cérébrale conservent le caractère de processus physiologiques, et qu'elles alternent aussi avec la régularité qui leur est particulière.

Le caractère physiologique des deux états, comme toute fonction physiologique normale, suppose avant tout l'existence d'une constitution *anatomique* normale de l'organe en fonction, de l'écorce cérébrale dans le cas présent. Il va de soi qu'une altération pathologique de la constitution anatomique de l'écorce cérébrale ne peut demeurer sans effet, non seulement sur le caractère de l'activité et de la subactivité physiologiques, mais encore sur l'identité du moi « subactif » et du moi « actif ».

Or, le ramollissement est une des altérations les plus fréquentes et les plus profondes que subisse l'écorce cérébrale. Quand, précisément dans cette affection, disparaissent, d'une part, l'énergie (et l'identité) du travail actif de l'écorce cérébrale, c'est-à-dire, de la conscience en général et de la conscience individuelle en particulier, et, d'autre part, la propriété de mémoration de l'écorce, qui est en rapport étroit avec sa constitution physique ; quand, de plus, la subactivité prend en même temps une prépondérance pathologique sur l'activité brisée et que finalement elle perd tout rapport avec celle-ci et provoque dès lors les images grimaçantes de la folie des grandeurs, alors ces phénomènes, qui frappent par leur singularité, non seulement se dépouillent de leur caractère énigmatique, mais, comme suites de troubles naturels de l'identité physiologique du moi « actif » et du « moi » subactif, ils se prêtent encore, en même temps que les *altérations matérielles* de la substance corticale, à une explication aussi scientifique que strictement matérielle.

## B. — *L'objet dans l'inconscient.*

A l'identité de la *personne* est opposée, dans les deux domaines, la divergence des choses.

Le domaine du *conscien* c'est la réflexion du monde réel dans l'écorce cérébrale et le travail actif des ganglions de l'écorce, qui y est provoqué par cette réflexion.

La réflexion du monde réel dans l'écorce cérébrale s'effectue grâce à l'action exercée sur les organes des sens par les irritations émanant du monde réel et grâce à la transmission de ces irritations à l'écorce du cerveau par la voie des sens.

*Le fond de la conscience ne procède donc que du monde réel et retourne de nouveau à lui, grâce au travail actif suscité par lui dans les cellules corticales du cerveau. Le fond de la conscience est donc le même que le fond du monde réel, et les limites du monde réel sont aussi celles de la conscience.*

Le monde de l'inconscient n'a, au contraire, rien à faire avec le monde réel. Il n'est pas éveillé par des irritations émanant du monde réel, mais il est produit dans les ganglions corticaux subactifs par le mouvement du processus vital lui-même, c'est-à-dire par les sources internes, invisibles, qui l'entretiennent et surtout par les ondes de la circulation sanguine qui mettent ses engrenages en mouvement.

Mais si le fond de l' « inconscient » ne provient pas du monde réel et n'y fait pas retour ; si, au contraire, il procède de sources absolument propres et constitue ainsi, à côté du monde réel, une création indépendante, il est tout à fait évident *qu'il est situé en dehors de la vie du monde réel et qu'il ne peut dès lors être enfermé dans les limites de ce monde.*

S'il est vrai que le fond de l'inconscient est situé *en dehors* des limites de ce monde, il faut aussi *qu'il dépasse les limites du réel et du naturel en général et qu'il produise par conséquent l'impression de l'irréel, de l'immatériel et du surnaturel.*

Quant aux phénomènes « immatériels » et « surnaturels » autres que ceux qui ont été mentionnés, nous n'en avons pas connaissance d'une manière exacte. Etant donc donné que ce qui a créé la croyance à des choses « immatérielles » et « surnaturelles » n'est autre chose que le produit tout à fait naturel, constitué et projeté au dehors par voie physiologique, du travail « subactif » de l'écorce cérébrale, et que des produits sont des « visions », il suit de tout cela nettement que les phénomènes considérés jusqu'à présent comme « immatériels » et « surnaturels » ont une existence tout à fait naturelle et dès à présent physiologiquement démontrée de « visions ».

D'une part, l'ignorance où l'on était de leur origine et de leur nature, et, d'autre part, le fait de se produire sans être provoqués par les excitations du monde extérieur, constituent la raison pour laquelle ces produits avaient été revêtus d'un caractère surnaturel qu'ils ont conservé jusqu'à ce jour.

D'autres données scientifiques sur l'inconscient résultent encore de ce fait que son fond, produit de l'écorce cérébrale *subactive* dont l'existence ne doit rien aux excitations du monde extérieur, ne peut non plus se borner aux limites du monde réel. C'est ce qui en explique le caractère illimité.

Nous savons, en outre, que le produit de tout travail subactif de tout organe est, sous le rapport physiologique, *qualitativement identique* au produit de la fonction active proprement dite de cet organe et qu'il n'en diffère que *quantitativement,* comme produit d'une fonction minima. Les glandes de la muqueuse stomacale

produisent à l'état subactif de l'acide chlorhydrique et de la pepsine, absolument comme
à l'état actif, sauf que, dans le premier cas, la
quantité produite est infiniment moindre que
dans le second.

C'est pourquoi le travail subactif de l'écorce
cérébrale est, à proprement parler, *qualitativement identique* au travail conscient, actif, tout
en représentant, sous le rapport *quantitatif*,
*l'échelon le plus bas* de cette activité consciente.

De même qu'il ressort de cela que le travail
cérébral conscient est une fonction physiologique, congénitale à l'origine et qui n'est per-
fectionnée que dans la suite par l'éducation,
l'exercice et le travail, de même il en résulte
inversement pour l'inconscient qu'il est la *fonction minima* du travail cérébral « conscient »
et par conséquent *du processus producteur de la
pensée parvenu à son complet développement
physiologique.*

Or, ce processus s'accomplit suivant des lois
qui, à vrai dire, sont à la base de tous les phénomènes de la création, mais que l'on reconnaît
comme particulièrement propres à ce processus,
c'est-à-dire suivant les lois de la raison et de la
logique.

Il faut donc que, comme fonction minima du

processus producteur de la pensée, le *travail subactif* de l'écorce cérébrale, par conséquent *le fond de l'inconscient, soit logique et raisonnable*. Bien que cette conclusion ne renferme rien de nouveau si l'on considère, ainsi qu'il résulte des considérations préliminaires du présent travail, que tout ce qui s'accomplit dans la nature est logique et raisonnable et que le travail subactif de l'écorce cérébrale, étant une fonction physiologique, naturelle, doit pour cela même être « raisonnable et logique », il n'en est pas moins vrai que si l'on peut démontrer que le processus qui préside à l'élaboration des images psychiques, processus primaire, élémentaire, inconscient, se déroulant mécaniquement, en dehors de toute influence supérieure de la conscience, dans les cellules ganglionnaires de l'écorce cérébrale, est dominé par la « logique » et la « raison », cette démonstration revêt une importance extraordinaire. Car elle établit : 1° que le travail « psychique » primitif ne peut jamais se dérouler sans logique ni sans raison, s'il le peut sans conscience et que, par conséquent, la logique et la raison existent indépendamment de la conscience, et 2° que même dans le domaine de l' « inconscient » règnent la logique et la raison et que, les *rêves*

aussi bien que les *visions* appartenant aux créations de ce domaine, le fond des rêves et des visions doit, dans tous les cas, être logique et raisonnable, en dépit de leur fréquente bizarrerie.

De ce fait que les créations de l' « inconscient » sont *logiques et raisonnables*, découlent
encore d'autres conclusions très importantes.
Nous avons vu plus haut que le travail subactif
des cellules corticales du cerveau n'a qu'à dépasser sa mesure physiologique pour se transformer en hallucinations, en conceptions délirantes et devenir la base d'une psychose.

Si cela se réalise par ce que le travail subactif
des cellules corticales du cerveau *devient stable,
persistant*, se poursuivant même quand le monde
réel touche par ses excitations les organes des
sens et pénètre par leur intermédiaire jusqu'à
l'écorce du cerveau, il faut que l'image psychique qui occupe alors le malade soit, à vrai
dire, une *illusion*, mais qu'elle ait néanmoins
un fond *logique et raisonnable*, même si, loin
d'être l'image de la réalité, elle n'est que l'image
du travail inconscient du cerveau. Il est évident
qu'une illusion comportant un tel fond doit être
animée d'une force diabolique, mystérieuse,
et qu'elle peut avoir des conséquences tragi-
ques. Les crimes et les atrocités souvent terri-

bles, commis par les malades dans le stade post-épileptique ou dans la folie épileptique, peuvent y trouver leur *explication naturelle*.

## C. — *L'inconscient considéré comme force de tension.*

Les cellules ganglionnaires de l'écorce cérébrale travaillent, à l'état subactif, sans y être provoquées par les irritations émanant du monde ambiant et sans les entraves de la pensée « consciente »; dégagées de l'influence de la réalité et libérées des limites du monde réel, elles créent, loin du monde et de la conscience, un monde à elles propre, d'une manière inconsciente et cependant selon les lois de la logique et de la raison. La reconnaissance de ce fait nous révèle l'existence d'une source de force *psychique* jusqu'à présent inconnue et qui, délivrée de ce qui entrave, alourdit et rattache à la terre le processus conscient de la pensée (délimité par la réalité), le dépasse pour cela même dans son élan et l'emporte sur lui par son activité, pour s'élever librement jusqu'aux plus hautes régions de la création psychique et y atteindre à une maîtrise aussi inconsciente qu'incomparable.

C'est cette source psychique qui, découlant
du processus vital lui-même tant qu'il dure, ne
tarit jamais, source où la conscience elle-même
va, sans le savoir, puiser ses provisions et qui
en dépit de son origine obscure, nous montre,
pour la première fois, et avec une netteté scientifique, que dans les cellules de l'écorce cérébrale, comme dans les organes, les muscles,
les glandes, etc., est emmagasiné un excédent
de la force de travail qui leur est propre. Cet
excédent constitue une provision qui représente
non seulement au sens figuré, mais encore au
sens scientifique, la force de tension qui se dé-
gage quand on « pense consciemment » et se
transforme alors en « force vivante ».

### D. — *Le mécanisme des phénomènes « spiritiques ».*

a) *Évocation des morts.* — Tout ce que les
organes des sens apportent à l'écorce cérébrale,
par conséquent tout ce qui, de l'image d'ensemble du monde réel, pénètre jusqu'à elle,
adhère mécaniquement à la masse des cellules
corticales du cerveau; la mémoire étant, comme
je l'ai démontré, une propriété physique de la
matière corticale.

La réflexion du monde réel dans l'écorce cérébrale s'effectue grâce au travail actif des cellules. Le travail « actif » des cellules corticales du cerveau, c'est de la conscience.

Il suit de tout cela que *le fond de la conscience adhère mécaniquement à l'écorce cérébrale.*

Mais si le fond de la conscience est lié mécaniquement à l'écorce cérébrale, il faut que celle-ci possède toujours ce fond. Et si elle le possède constamment, elle ne le possède pas seulement à l'état conscient, mais encore pendant *la subactivité, à l'état inconscient,* d'où il résulte que l'écorce cérébrale possède le fond *du monde réel même à l'état inconscient et que, par conséquent, elle peut aussi le reproduire.*

L'activité de l'état « inconscient » se déroule donc d'une façon purement mécanique, *en dehors* de la réalité et de la conscience. Mais comme la réalité et la conscience se déterminent d'après *l'espace et le temps,* il s'ensuit que si le travail subactif de l'écorce cérébrale a le fond de la conscience et de la réalité, il ne dépend pas, comme celles-ci, du temps et de l'espace. Les images psychiques qu'il crée ou qu'il reproduit de mémoire s'élèvent, non plus séparées les unes des autres par l'espace et le temps, de l'écorce subactive en fermentation, mais se présentent, équivalentes et d'une façon synchronique, devant le champ visuel de celle-ci. Dès lors, elle voit tout de la même manière et en même temps ; elle ne voit pas seulement ce qu'elle vient de voir *en réalité*, mais encore ce qu'elle a vu antérieurement, à une époque plus ou moins éloignée. Et au milieu de tout cela, elle perçoit encore son propre « moi » *subactif* : et le tout lui apparaît avec une clarté, une netteté, un relief et une vie que ne présente que la réalité elle-même. C'est aussi pourquoi la propre création de l'écorce subactive apparaît réelle et vraie à celle-ci (ou au moi « subactif » qui ne sait rien de la réalité) et pourquoi une personne plongée dans l' « inconscient » vit, au milieu des images de son écorce inactive, une vie réelle, prenante, palpitante.

Rien d'étonnant donc si, d'après ce que nous venons de dire, l'image de ceux qui ont joué un rôle prépondérant dans la vie de l'homme et se sont pour cela même fixés dans sa mémoire d'une manière particulièrement profonde, a le privilège de renaître dans l'écorce subactive avec plus de fréquence et de jouer, parmi ses créations, un rôle plus prépondérant que les réminiscences de choses indifférentes.

C'est ce qui nous explique d'une manière très

simple pourquoi l'écorce « subactive » aime à reproduire « les morts » et comme quoi « l'adju-
ration », « l'évocation » des morts n'est pas la
mystification *spiritique* que l'on dit, mais représente au contraire, en tant que reproduction
d'images mémoratives de morts dans des cer-
veaux mis en « subactivité » d'une façon proba-
blement artificielle, un processus aussi compréhensible, naturel que physiologiquement élucidé.

Cependant l'écorce subactive reproduit des
morts non seulement sous leur forme et leur
extériorité générales, mais encore comme co-
pies parfaites de leur être passé, avec leurs at-
titudes, gestes, expressions, manières d'agir et
de parler; elle les représente donnant des ins-
tructions, des conseils de prudence et de sa-
gesse, comme les prophètes d'une vérité qui
saisit par sa profondeur et sa puissance et finit
par dominer, d'une manière impérieuse et persistante, celui dans l'écorce « inconsciente »
duquel tout cela se passe. Or, le fait que cela
s'y passe a, à bien des égards, une signification
toute particulière. Ce n'est pas seulement
un nouveau témoignage des merveilleuses facultés qui sont propres à l'écorce cérébrale, sans
que son possesseur en ait même conscience,

et dans la foule desquelles le seul état d' « inconscience » lui permet de jeter un coup d'œil
furtif ; cela démontre en même temps que la nature, en donnant à l'homme l'outillage mécanique nécessaire à son travail psychique, l'a
doté d'un trésor inépuisable, insondable et
dont il n'a même pas conscience ; trésor qui,
invisible à la lumière du jour, lui apporte mys-
térieusement ce qui remplit de beauté sa conscience souvent accablée par les images de la
réalité, et qui lui donne même la chance et la
force de briser, dans le sens propre du mot, les
limites étroites de la réalité et de s'élever au-
dessus d'elles dans des régions où il ne respire
que *pureté.*

b) *Mécanisme de la prophétie.* — Si, grâce
à la propriété mécanique de la mémoire, l'écorce
cérébrale subactive est mise à même de rompre
les limites du présent pour se porter en arrière
dans le passé, elle doit à une autre propriété
non moins mécanique des ganglions corticaux
du cerveau la faculté de dépasser les limites
du présent pour s'élancer dans l'avenir et *de
créer, par voie mécanique, des images de l'avenir.*

La manière dont s'accomplit ce processus
s'explique par les phénomènes de la psycho-

mécanique, qui viennent d'être en partie éluci-
dés.

Tout ce qui existe est raisonnable, surtout
pour des raisons mécaniques.

L'existence de l'univers et de ses composants
est assurée par un mouvement qui demeure
éternellement le même dans le tout et dans ses
parties. Ce mouvement est la résultante d'une
énergie mécanique inhérente à l'univers et à
ses composants et qui provoque le mouvement
tout en le maîtrisant. Maîtriser, c'est *ordonner*
et provoquer, c'est *vouloir*. Or, l'ordre et la volonté sont propriétés de l'esprit et de la raison.
C'est, par conséquent, d'après *les lois de la raison* qu'agit *l'énergie mécanique* inhérente aux
composants de l'univers. Il faut donc que ce
soit cette « raison » des choses qui assure l'existence de l'univers, qui, sans elle, s'effondre-
rait.

Si les lois qui résident dans l'énergie même
des choses assurent *l'existence* de tout l'univers, elles l'assurent également à ses diverses
parties. Or, assurer l'existence d'une chose,
c'est en assurer l'avenir ; et assurer l'avenir
d'une chose, c'est en diriger les destinées. Si
donc on admet que ce sont des lois d'ordre et
de raison qui gouvernent l'univers, cela revient

à dire que *les destinées des choses se règlent elles-mêmes d'avance, suivant des lois éternelles.*

La nature nous fournit au reste une multitude de preuves de ce qu'il en est réellement ainsi. Le cours des astres peut être déterminé à l'avance, et il est d'avance assuré pour toute éternité. La graine produit le fruit, et l'œuf produit l'animal, toujours suivant des lois invariables.

Pourquoi l'écorce cérébrale, organe destiné à produire des images psychiques, ne les produirait-elle pas aussi selon une formule déterminée, donc conformément aux lois de la raison?

Sinon, comment concevoir qu'à l'organe le plus éminent de la création eût été refusé précisément ce qui constitue sa propriété la plus éminente, l'énergie mécanique de la raison?

Mais si les images psychiques qui naissent mécaniquement au fond de l'écorce cérébrale subactive obéissent aux lois universelles de l'ordre et de la raison, il faut que ces images psychiques, qui naissent automatiquement dans les cellules corticales et grâce à une énergie physiologique élémentaire qui leur est inhérente, représentent elles-mêmes une *suite logique*. Or, la suite logique d'images psychiques constitue *la pensée*.

De même que cette induction démontre qu'une mécanique souveraine porte le sceptre du gouvernement du monde, même jusqu'aux sommets de la création dont l' « ignorabimus » prétendait interdire l'accès à jamais, de même elle enlève tout caractère énigmatique à ce phénomène que les germes de pensée plantés mécaniquement par le hasard ou l'intention dans l'écorce cérébrale, s'y développent mécaniquement — tout comme la graine tombée dans la terre produit mécaniquement des fruits, et ce d'autant mieux que le sol qui reçoit le germe est plus sain et mieux cultivé.

C'est aussi pourquoi la fonction productrice de la pensée est en elle-même de la nature et non de l'art ; en dépit de toutes les règles de la logique, elle ne peut jamais être apprise par ceux à qui la nature a refusé la faculté de penser. En effet, l'écorce cérébrale pense exactement comme l'arbre fleurit, comme la fleur répand son parfum, comme la feuille verdit, et comme le sol forme des cristaux. On peut, à vrai dire, améliorer la pensée en la cultivant, comme on peut tout aussi bien obtenir par sélection des fleurs de choix et perfectionner les cristaux.

Mais si c'est le mécanisme toujours logique de la création qui règle, suivant les lois immuables de la raison, la marche des corps du macrocosme, tout comme les processus du microcosme (ainsi que la pensée), il n'y a plus de miracle dans ce fait que la pensée, dans son développement mécanique progressif, trouve une voie toute tracée dans la direction de l'avenir, et reconnaisse en visionnaire ce qui en apparence repose, caché à l'homme, dans le sein du temps.

Voilà aussi pourquoi chacun porte « l'étoile de sa destinée » dans son écorce cérébrale, et l'on a une nouvelle preuve de la nature mécanique du travail qu'elle fournit si l'on peut démontrer que, pour la mémoire comme pour le mécanisme de la prophétie, la qualité de la substance corticale a une valeur prépondérante, — qu'il y a beaucoup d'appelés mais peu d'élus, peu de dominateurs mais beaucoup de dominés.

E. — *La force créatrice de l'inconscient et les rapports qui existent entre son mécanisme et le travail de la conscience.*

La nature même de ce que l'écorce cérébrale accomplit précisément à l'état *inconscient* indique quelle énergie, quelle importance immenses doivent être attribuées au mécanisme producteur de la pensée, au mouvement primitif de la pensée qui se déroule, sans arrêt, inconsciemment, dans les ganglions corticaux « subactifs », au travail physiologique spontané de l'organe de la pensée, au processus élémentaire de la pensée dans les cellules de l'écorce cérébrale.

Nous avons déjà vu que c'est ce mécanisme élémentaire de la pensée qui fait remonter celle-ci dans le passé ou s'élancer dans l'avenir avec une facilité et une logique merveilleuses. C'est lui encore le créateur des images de la pensée, images dont la perfection ne se retrouve que dans les œuvres réelles, produites par l'énergie également « inconsciente » de la nature, et qui confèrent à l'homme une force créatrice toute puissante bien que idéale, cachée et indépendante de sa volonté et lui donnent, avec elle, le monde entier, telle une ombre fugitive, il est vrai, mais avec tout ce qui est, a été et sera.

a) *Reproduction du « moi »*. — L'écorce subactive crée avant tout l'image du « moi ». Dans cette image, elle reproduit non seulement l'individu avec sa figure et son habitus extérieur, mais elle donne encore à l'image immatérielle la faculté de *penser*, de *sentir*, de *parler* et *d'agir* comme *l'original*. Cette image possède également tous les sens de l'original : comme celui-ci, elle voit, entend, respire, a des sensations olfactives et tactiles. Elle peut enfin ce que ne peut l'original : voir le passé et découvrir l'avenir.

b) *Influence de l'inconscient sur la conscience*. — L'écorce subactive qui évoque « inconsciemment » les morts leur donne du sang, les anime de vie. Elle les fait parler et agir, leur fait trouver des mots et accomplir des actions qui vont au cœur et qui ont la force de pénétrer dans l'inconscient et d'entrer dans le fond de la conscience. N'arrive-t-il pas fréquemment que tel produit « inconscient » de l'écorce devienne la pensée directrice d'une vie jusqu'alors désemparée ? C'est ainsi que du fond des ganglions corticaux jaillit, clair et naturel, comme la source vive du sein de la terre, le flot vivifiant des images psychiques, longtemps supposé issu de régions métaphysiques par l'effet d'une magie *surnaturelle, divine, inexplicable*. Et de même que ce sont des forces mécaniques et naturelles qui forment la source au sein de la terre et qui l'en font sortir pour aller, devenue fleuve, féconder les campagnes, servir de force motrice et porter des bateaux — de même ce sont des forces physiologiques, donc mécaniques, qui font naître dans l'écorce cérébrale les images psychiques. Et ces images poursuivent dans le sein obscur de cette écorce leur travail « inconscient », « raisonnable » et « logique », jusqu'à ce qu'elles en jaillissent un jour pour entrer dans le plein jour de la conscience et aller ensuite, tel un fleuve puissant, fertiliser les champs de la conscience et mettre ses rouages en mouvement.

Par là se trouve pour la première fois *démontré scientifiquement* ce fait que la *conscience* puise son fond, non seulement dans le monde réel, mais encore dans les profondeurs obscures, pourtant dès à présent éclairées, du travail *mécanique* des ganglions corticaux du cerveau.

c) *Influence du fond de la conscience sur le mécanisme de l'inconscient et la faculté créatrice.* — Si le travail inconscient de l'écorce cérébrale s'infiltre dans la conscience et la féconde, il arrive aussi, inversement, que le fond de la conscience soit pris dans les mailles du travail « inconscient » et qu'il se glisse dans sa trame mécaniquement, comme un fil, pour former ainsi de nouvelles merveilles du mécanisme de la pensée.

Nous avons déjà vu que l'image du monde apportée à l'écorce cérébrale par les sens se fixe dans la substance corticale du cerveau, grâce à certaines propriétés physiques qu'elle possède. Cette opération s'effectue au moment où les organes des sens et les ganglions corticaux enregistrent l'image de la réalité, c'est-à-dire dans l'état de *conscience.* Quand l'écorce retombe ensuite dans l'état « subactif », elle conserve un fragment de cette image. Or, l'état « subactif » n'étant pas du repos, mais du mouvement — et par conséquent de la mécanique, et de la mécanique rationnelle comme le cours des astres, il va de soi que, s'il y a mouvement dans les ganglions corticaux, l'image qu'ils ont enregistrée ne peut demeurer en repos, mais qu'elle doit suivre ce mouvement. En ce faisant, elle suit son cours, s'incorpore à la trame des pensées, pareille au fil qui, sur le métier, se transforme en tissu, en figures, en images, en modèles.

A considérer ce que nous savons déjà du mécanisme de l'inconscient, il n'est pas étonnant que le fil de pensée provenant de la réalité et perçu à l'état conscient puisse, en continuant à se mouvoir mécaniquement dans l'inconscient suivant les lois de la raison et de la logique, arriver à tisser des images vraies et réelles de l'avenir. Mais que le fil ainsi amorcé continue, en se déroulant, à tisser non seulement le fragment du monde qui est déjà connu du possesseur des ganglions corticaux pour s'y être réflété, mais encore d'autres fragments qui n'ont jamais été perçus auparavant et qui cependant se rapprochent de la réalité ; que, par conséquent, l'écorce subactive mette en scène, avec une vérité conforme à la nature, bien qu'avec une licence poétique, des contrées, des populations, des mœurs inconnues, comme cela se produit dans le rêve — voilà qui pourrait passer pour un miracle, donc pour une chose scientifiquement inexplicable, si ce miracle *ne s'expliquait pas lui-même scientifiquement par des conditions naturelles.*

De même que le soleil éclaire la terre, de même l'écorce cérébrale illumine la création, qu'elle se rend ainsi visible et qu'elle s'approprie.

L'écorce « active », par conséquent la conscience, embrasse la partie du monde que les organes des sens perçoivent et lui apportent.

Mais l'écorce « subactive » embrasse tout entier le monde perceptible, sensible, et loin d'être bornée à lui, elle déborde au-delà de ses limites et agit suivant la logique et la raison, comme la force naturelle elle-même. Il faut dès lors qu'elle produise aussi plus que l'écorce « active » et que, dans son domaine, elle crée des choses analogues à celles que la force naturelle « inconsciente » crée dans le sien, puisque les deux se correspondent.

Le ganglion cortical du cerveau est l'œuvre la plus haute, en même temps que la plus productive de la création, et comme tel, il produit aussi ce que celle-ci comporte de plus sublime. Comme il est l'organe de la production intellectuelle, il faut qu'à l'état de subactivité, non seulement il embrasse l'image de toute la création, mais qu'encore il produise en même temps bien

plus que ne comporte la création. La faculté
créatrice est la preuve de la justesse de cette
conclusion. La façon dont se manifestent la
productivité et la force créatrice du mécanisme
de la pensée, le rêve, état de subactivité typique
des ganglions corticaux, nous le montre toujours d'une manière assez concrète pour qu'elle
n'ait pas besoin d'être démontrée d'une manière
abstraite, par des détours théoriques.

Le moi subactif *voit* les sources de la nature,
comme il voit celles du travail et de l'art de
l'homme. Il *entend* ce que les hommes disent,
chantent, inventent. Il comprend les langues
étrangères, les mélodies, les poésies, les pré-
ceptes dictés par l'érudition, la prudence, la sa-
gesse et l'expérience. Il *sent* l'odeur des fleurs
les plus ravissantes et se complaît dans la dé-
gustation des mets les plus délicieux. Rien n'est
étranger au ganglion subactif; rien ne lui est trop
difficile ou impossible. Et, bien qu'il conforme
sa force créatrice au domaine psychique individuel du moi *actif*, il n'en dépasse pas moins
dans tous les sens les limites assignées à ce
domaine psychique *conscient* et individuel et
acquiert une omniscence dont les facultés bor-
nées du « moi » travaillant en pleine conscience
ne peuvent fournir qu'une copie imparfaite.

Mais si l'on se représente combien de préparations, de peine, de temps et de persévérance il faut au cerveau travaillant dans la plénitude de sa conscience pour parfaire un travail original, et qu'on compare cela à la maîtrise avec laquelle, sans préparation et sans peine, avec une justesse absolue, une correction parfaite et une rapidité inimitable, l'écorce subactive, au cours d'un rêve, combine les processus les plus compliqués, les événements les plus inattendus et les plus intéressants, produit des œuvres d'art de toutes sortes, compose de l'histoire et fait des excursions dans les divers domaines du savoir humain, etc., on reconnaîtra non seulement qu'à l'état « inconscient », l'écorce cérébrale travaille avec une technique incomparable, mais encore que cette technique ne peut être que *celle de la machine*, la justesse sans visée, la correction sans réflexion et la rapidité sans erreur étant précisément le propre d'une machine qui travaille à la perfection et non pas le propre de l'esprit humain qui réfléchit, cherche, tâtonne et se *trompe*, tout en travaillant *consciemment*.

d) *Reproduction intra-ganglionnaire d'irritations extérieures et constitution d'une vie imaginaire procédant de celles-ci.* — Autant il est certain, ainsi qu'il vient d'être démontré, que les cellules ganglionnaires de l'écorce produisent *mécaniquement* d'incomparables œuvres d'art de la pensée, et inversement, que la précision, la rapidité et la correction avec lesquelles elles les créent, constituent précisément des caractères scientifiques de la nature *mécanique* de leur travail, autant il est certain, d'autre part, que les productions jusqu'ici énumérées ne représentent *pas toutes celles* qui sont élaborées par le mécanisme élémentaire des cellules de l'organe de la pensée.

Si le moi subactif non seulement perçoit par *la vue, l'ouïe, le goût et l'odorat* tout ce que l'écorce subactive produit en dehors de la conscience et de la réalité, donc *mécaniquement*, mais encore effectue ces perceptions de manière que les productions intra-cellulaires du mécanisme de l'écorce cérébrale, loin de lui simuler la réalité, la remplacent réellement et effectivement ; si le moi *subactif voit, entend, sent, goûte réellement*, perçoit d'une manière parfaite toutes ces productions ; bref, si pendant le travail subactif de l'écorce cérébrale les centres des sens sont *réellement, matériellement excités*, ce dont on ne saurait douter puisque, dans l'état subactif, ils fonctionnent *réellement*, bien qu'avec un minimum d'activité — il y a de soi que les cellules corticales subactives ne présentent pas seulement des « images » comme en montre le cinématographe, mais élaborent encore des « productions » psychiques qui sont, sinon quantitativement, du moins qualitativement identiques aux productions suscitées dans le cerveau *actif* par les excitations *réelles*.

Or, étant donné que, dans l'état subactif du cerveau, les irritations matérielles ne parviennent pas jusqu'à l'écorce, il s'ensuit de ce qui précède que l'écorce subactive produit non seulement des images psychiques et des excitations sensorielles, mais encore les irritations qui constituent la base des unes et des autres.

Nous avons constaté plus haut que ces irritations proviennent du monde extérieur pour l'état actif ou conscient des ganglions corticaux, et qu'elles sont le fait du processus vital ou de la circulation sanguine pour l'état subactif.

Si donc nous arrivons à cette conclusion que le ganglion cortical subactif produit lui-même mécaniquement, non seulement des excitations sensorielles, mais encore les irritations qui y sont nécessaires, cela revient à dire qu'à l'état subactif, ce ganglion possède *la faculté de produire, par le moyen des matériaux qui y affluent avec le sang, des irritations que dans d'autres conditions le monde extérieur seul peut fournir.*

Il faut être d'une certaine force en science pour se représenter ce fait physiologiquement. Cependant le fait que, *toute* irritation émanant du monde réel est enregistrée par les organes des sens et traduite physiologiquement en une valeur différente pour mener finalement une existence physiologique dans l'individu excité, ce fait démontre qu'à *toute irritation extérieure correspond une valeur physiologique.* Le mécanisme ganglionnaire comprend la technique de *toutes* les valeurs physiologiques.

Or, si la technique ganglionnaire comprend la reproduction de toutes les irritations extérieures, il n'y a rien d'étonnant à ce qu'à l'état inconscient, l'écorce enregistre effectivement des *perceptions sensorielles réelles.* Si cela est, cela signifie, en d'autres termes, que *les ganglions corticaux subactifs représentent à l'homme en état d'inconscience une autre vie, étrangère à la réalité, une vie intérieure, réelle, mais n'ayant aucun rapport avec le monde extérieur.*

Il y a certains signes concrets qui permettent d'affirmer que cette seconde vie intérieure existe réellement. Dans le rêve, les images de l'écorce subactive provoquent, tout comme les événements extérieurs, certaines manifestations fonctionnelles. Ces manifestations qui ont lieu dans les organes les plus divers ne pourraient être déterminées sans l'intervention d'irritations réelles, si faibles fussent-elles. C'est ainsi que, dans le rêve, on peut être touché jusqu'aux larmes, ou être réveillé par des bruits qu'on est seul à entendre et qui par conséquent ne peuvent avoir été produits que dans les ganglions corticaux subactifs. C'est encore ainsi que les figures produites par les ganglions subactifs se présentent dans le rêve avec une netteté, une précision et une réalité telles qu'au réveil, elles restent encore attachées aux ganglions et que, projetées au dehors, elles *flottent encore quelque temps devant les sens éveillés*, pour disparaître ensuite, chassées par l'afflux des images du monde extérieur.

Ces conditions de projection au dehors de figures nées dans les ganglions corticaux subactifs s'observent avec une fréquence particulière chez des personnes sensibles et forment le substratum physiologique de la *vision des revenants*.

C'est la reproduction d'irritations réelles et

la constitution, par le moyen de ces irritations, d'une seconde vie intérieure, inconsciente qui dominent la technique du travail mécanique des ganglions.

**4. Effet rétroactif de la connaissance de l'inconscient sur la physiologie, la pathologie et la psychologie de la vie psychique.**

Le regard profond que nous venons de jeter dans ce mécanisme ne nous a pas seulement apporté des éclaircissements simples et compréhensibles sur l'origine, considérée jusqu'à présent comme « métaphysique », donc « introuvable », de la plus puissante de toutes les fonctions physiologiques, la pensée ; il nous renseigne en même temps sur certains phénomènes de la physiologie, de la pathologie et de la psychologie de la vie psychique qui ont jusqu'à présent passé pour être aussi énigmatiques qu'inexplicables.

## A. — *Physiologie.*

Tout d'abord il est certain que la « pensée » est un processus physiologique qui se déroule dans le protoplasme vivant des cellules gan-

glionnaires de l'écorce cérébrale et qui se ma-
nifeste par le développement d'images psychiques perceptibles pour le protoplasme même.
Ce processus doit débuter dans les cellules ganglionnaires de l'écorce cérébrale dès que ces
cellules ont atteint un degré de développement
susceptible d'assurer leurs fonctions physiologiques, et il est entretenu par le processus vital
et tout spécialement par la circulation du sang.
Les cellules ganglionnaires de l'écorce cérébrale sont développées en grande partie déjà
vers la fin de la vie intra-utérine. Mais comme,
à cette période, elles font encore, avec tout le
reste de l'embryon, partie intégrante de la mère,
il s'ensuit que le processus en question commence déjà avant la naissance, ce qui constitue
un nouvel indice de sa nature mécanique.

La pensée intra-utérine ne peut être que de
la pensée « inconsciente », tous les organes du
fœtus, y compris les cellules de l'écorce cérébrale, étant « subactifs » pendant toute la durée
de la vie intra-utérine. Or, étant donné que la
pensée « inconsciente » occupe, au point de vue
physiologique, le même rang que la fonction
élémentaire de toute autre cellule d'organe à
l'état de subactivité, telle que, par exemple, la
contraction musculaire déterminée par les gan-

glions de la corne antérieure, ou l'élaboration
de l'urine dans les épithéliums des canalicules
urinaires, il est permis d'admettre que le processus de la pensée commence à fonctionner
dans les ganglions de l'écorce cérébrale du fœtus
à peu près à l'époque où *celui-ci commence
d'ordinaire à remuer et à évacuer de l'urine,
c'est-à-dire dans le sixième ou le septième mois
de la vie intra-utérine.*

Or, comme le courant sanguin entretient et
détermine le travail « subactif » des organes et
que le processus de la pensée, encore en germe
chez le fœtus, est alimenté par le sang *maternel,*
il faut que les premiers germes de pensée reçoi-
vent aussi leur orientation de l'organisme maternel !

Par suite de l'entrée du fœtus dans le monde
et de la pénétration des impressions du monde
réel dans l'atelier mécanique de la pensée, le
processus de la pensée devient *actif*. Et ce processus, ainsi influencé par les impulsions nouvelles et fonctionnant avec l'image réflétée du
monde extérieur, déposée dès lors dans les ganglions corticaux du cerveau, c'est la pensée
consciente.

La richesse des impressions qui, dès lors, agissent sur elle, l'exercice et l'éducation qui la

perfectionnent, font de la pensée consciente un art, tout comme l'usage et l'exercice transforment en art la force motrice accumulée dans les ganglions des cornes antérieures de la moelle épinière. La pensée « inconsciente » est donc à la « conscience » ce que les mouvements « inconscients » d'un nouveau-né sont à l'acrobatie. Considérée au point de vue physiologique, la conscience n'est autre chose que de l'«acrobatie» de la pensée, que l'art de penser. Un art élaboré d'une fonction physiologique élémentaire donnée, très variable suivant ses degrés, mais demeurant forcément limitée par sa nature humaine, peut être décoré des épithètes les plus diverses, mais il ne saurait en aucun cas se prévaloir des attributs de « divin », d' « insondable », ou d' « incompréhensible ».

Or, la pensée « inconsciente » étant de la nature, et la pensée « consciente » de l'art, il se trouve que la première seule suit les lois de la raison et de la logique, alors que la seconde — singulière ironie à l'adresse du « divin » dans la conscience humaine — croit suivre et veut suivre ces lois, mais en réalité ne le fait pas toujours. La preuve nous en est fournie par les erreurs de l'humanité, dont toutes les époques de l'histoire sont pleines d'exemples, et par les

erreurs de tous les arts. C'est pourquoi la pensée
« inconsciente » peut, il est vrai, dégénérer, en
maladie, mais la pensée « consciente » peut
devenir une fatalité. En effet, la pensée « inconsciente » est un processus interne qui peut
dépasser ses limites physiologiques et devenir
pathologique, tandis que la pensée « consciente »
représente la source de la volonté et, par conséquent. la source des actions humaines.

Comme si elle voulait prévenir les maux
engendrés par les défauts de la pensée « consciente », la nature a fait de cette pensée « consciente » une fonction dure, pénible, difficile à
acquérir, dépendant d'excitations extérieures
et délimitée, contenue par les phénomènes de
la réalité. Elle a, au contraire, abandonné à
elle-même la pensée « inconsciente »; elle l'a
soustraite aux influences du monde, du temps
et de l'espace, elle l'a douée de la force nécessaire pour dépasser les limites du monde, évo-
quer le passé, dévoiler l'avenir, savoir tout,
apprendre tout, créer tout, mais seulement sous
la forme d'images psychiques. En rendant
objectifs ces produits qu'elle a la propriété physiologique de projeter au dehors, la pensée
« inconsciente » éveille des phénomènes qu'on
a mal interprétés en les considérant comme

« métaphysiques » et « surnaturels », dont le
« spiritisme » a même abusé et qui, d'après
*l'explication scientifique* que nous venons d'en
donner, ne se trouvent être que des phénomènes élémentaires de l'écorce subactive.

Crookes a dit un jour : « Les apparitions d'es-
prits nous font toucher à la frontière où la matière et l'énergie (le sensible et le métaphysique)
paraissent se confondre, au territoire imprécis,
situé entre le connu et l'inconnu, où demeurent
les dernières réalités et *où les plus grands problèmes scientifiques de l'avenir trouveront leur
solution.* » Après tout ce qui vient d'être
exposé et expliqué dans ce travail, il est permis
de croire que l'avenir prophétisé par Crookes
n'est peut-être pas si éloigné de nous.

## B. — *Pathologie.*

Le démonstration de l'autoproduction physiologique d'excitations sensorielles et d'images
psychiques dans l'écorce subactive n'est pas sans
importance pour la pathologie. Elle nous fournit, pour la première fois, *une explication scientifique*, basée non plus sur des hypothèses,
mais sur des faits, *des phénomènes psychopathiques fondamentaux les plus importants.*

La faculté de l'écorce subactive de *reproduire des irritations extérieures* ne peut que devenir une source *d'hallucinations* quand elle dépasse soit qualitativement, soit quantitativement, ses limites physiologiques, tout comme, dans les mêmes conditions, les *images psychiques* du travail « inconscient » des ganglions peuvent, grâce à l'infinie variété de leurs combinaisons, constituer un fond inépuisable où vont s'approvisionner les conceptions délirantes et les états de « dédoublement de la conscience ». Et quand, par suite d'une persistance ultra-physiologique, les phénomènes de la subactivité empiètent sur les phénomènes de l'activité, ils y jettent le trouble et la confusion.

Mais si, à la suite d'une affection, par exemple, d'un ramollissement, l'écorce cérébrale présente une altération de sa constitution normale et qu'elle devient incapable d'enregistrer d'une manière physiologique les excitations de l'extérieur et de les utiliser « activement », la conscience proprement dite se perd, et avec elle, sombre aussi la conscience de la personnalité, du « moi actif » ; elle abandonne la place au « moi subactif », au moi « inconscient », fantasque, qui, débarrassé du contrôle du « moi actif » normal, gouverne dès lors en maître :

e malade vit dans l'illusion de son « moi inconscient », dans le délire des grandeurs de la
paralysie.

## C. — *Psychologie.*

Les faits nouveaux que nous venons d'expo-
ser constituent, pour la psychologie, des bases
nouvelles.

La pensée découlant d'une manière « inconsciente », bien que logique et raisonnable, de la
cellule ganglionnaire vivante, la pensée résultat
d'une fonction cellulaire simple, physiologique,
voilà qui découvre, pour la psychologie, un
côté insoupçonné de la vie psychique. Il en
ressort précisément que l'une des deux moitiés
du processus de la pensée est pareille à toute
autre fonction cellulaire, animale ou végétale,
entretenue par le courant circulatoire, fonction
qui s'accomplit mécaniquement et qui, d'une
part, n'a rien à faire avec les abstractions et les
déductions de la psychologie théorique, et qui,
d'autre part, se base sur des propriétés de la
matière vivante — des cellules corticales du
cerveau dans notre cas — sur lesquelles *la
physiologie* et *l'anatomie seules* peuvent nous
renseigner d'une manière exacte.

L'autre moitié du processus, la pensée « consciente » sera également, en tant que fonction « active » de l'écorce cérébrale, un domaine dépendant plus étroitement de la physiologie qu'elle ne l'a été jusqu'à présent, et elle sera sujette à l'analyse scientifique pour cette raison qu'elle est *essentiellement le produit d'irritations extérieures agissant sur les organes des sens et par eux sur le « travail subactif » des cellules corticales du cerveau — produit qui se développe de la manifestation vitale élémentaire d'une certaine espèce de cellules pour se transformer, par voie physiologique, en ce que la nature offre, chez l'homme, de plus élevé et à la fois de plus facile à comprendre.*

L'analyse scientifique mettra en évidence ce fait que la qualité de la substance productrice de la pensée et l'exercice systématique de sa fonction sont les facteurs les plus importants de cette transformation ; que le résultat final de ce processus est, dès lors, une métamorphose qui évolue de la nature vers *l'art*, et que l'art de penser, que nous apprenons et cultivons, est précisément ce que nous sommes habitués à appeler « conscience ». Il en résulte pour nous cette importante conclusion que la « conscience », considérée d'ordinaire comme si impénétrable et si énigmatique, loin d'être un miracle « divin », est faite de travail *humain*.

Le côté moral de la psychologie tire de nos nouvelles connaissances autant de profit que le côté intellectuel.

Le travail « inconscient » de l'écorce cérébrale constitue, pour l'homme, une source vivante, toujours jaillissante d'images psychiques abondantes, diverses, originales, profondes, justes, nettes, dans le jeu *raisonnable* et cependant purement *mécanique* desquelles l'esprit humain se rafraîchit, comme dans un flot écumant, vivifiant, toujours frais, lorsque, fatigué par les images de la réalité et par le travail « conscient » auquel elles ont donné lieu, il a besoin de se récréer, de se distraire pour retrouver la force nécessaire à la reprise de son travail actif. Cette renaissance quotidienne de la conscience des flots de l'inconscient lui donnent de la *force* et de *l'énergie morale*. C'est de l'énergie morale de la conscience que naît la *volonté*, génératrice de l'action.

Bien que cette fontaine de Jouvence fertilisante et fortifiante jaillisse *spontanément*, telle une force *naturelle*, des profondeurs des ganglions subactifs, comme le flot jaillit des profondeurs de la terre, elle n'en est pas moins alimentée par le courant sanguin. Celui-ci établit entre elle et le reste du corps le rapport le plus intime et la met ainsi sous la dépendance de particularités individuelles, physiques et psychiques de son possesseur, lequel peut, en retour et grâce à celles-ci, exercer une certaine influence sur le fond de sa vie psychique « inconsciente ».

C'est ainsi qu'il arrive que le bien-être subjectif, physique ou psychique, détermine le travail inconscient de l'écorce à produire des images agréables, alors que le malaise subjectif fait naître des images désagréables. Suivant le degré du malaise et de sa transformation en états morbides, physiques ou psychiques, ces images revêtent un caractère progressivement désagréable, triste, angoissant, torturant, ou même terrifiant, alors que, dans les conditions opposées, elles ne sont que plaisir, délices, bonheur, ravissement. En raison de leur rôle désormais démontré physiologiquement, ces images agissent de leur côté sur la conscience et exercent par là une influence élémentaire sur l'âme et le corps.

C'est ainsi que s'explique scientifiquement la signification de la locution « dormir la conscience tranquille », ainsi que ce fait qu'une conscience tranquille repose et fortifie le corps, tandis qu'une conscience troublée l'ébranle, l'agite, l'énerve et l'use.

Ainsi encore s'explique physiologiquement, d'une part, ce fait que l'individu luttant pour la bonne cause, pour la vérité et pour ses convictions puisse soutenir victorieuseusement l'attaque d'une foule d'ennemis, et d'autre part, ce fait que les ennemis de la vérité, malgré toute la puissance extérieure que leur procure la solidarité dans le mal, ne puissent se défendre du mépris de soi-même et, succombant le plus souvent sous le poids de ce sentiment, paient leur dette morale en affections de l'écorce cérébrale, c'est-à-dire, de l'organe même qui imagina « consciemment » l'injustice. Ce n'est pas du moins par pur hasard que le ramollissement du cerveau et le suicide font souvent sauter les fers forgés par l'envie, l'intrigue et la conspiration.

En revanche, les créations de l' « inconscient » comblent les cœurs nobles des dons les plus précieux de la vie. Elles élèvent l'âme humaine au-dessus de toutes barrières terrestres — vers le divin. Et cette élévation assure à l'homme la seule possibilité de se rapprocher de la divinité — sans toutefois jamais l'atteindre.

Mais l'homme, en disposant de la faculté d'agir lui-même sur le travail « subactif » de ses ganglions corticaux, jouit du privilège particulier, que la nature lui a attribué à lui seul, d'agir lui-même jusqu'à un certain point sur le fond du travail subactif de l'écorce, et de se créer ainsi sur terre, de par sa propre puissance, un coin de paradis. Et peut-être pourrait-on, précisément en raison de ce privilège, se réconcilier même avec la mort, si celle-ci était, comme l'on dit, « sœur du sommeil », c'est-à-dire, de la subactivité du corps ou du moins de l'écorce cérébrale. Mais la mort n'est pas malheureusement sœur du sommeil ; elle n'en est même pas une parente éloignée. Avec elle cesse non seulement toute activité, mais encore toute subactivité des organes du corps et toute subactivité de l'écorce cérébrale, substratum de l'âme humaine.

Le gain scientifique qui résulte de ces derniers faits ne se traduit pas seulement par la connaissance qu'il nous apporte des rapports directs existant entre la physiologie et la morale ; il réside aussi dans ce fait que, grâce à ces rapports, nous reconnaissons la morale en général comme une fonction psychique étroitement liée au travail subactif de l'écorce cérébrale et, en même temps, en rapport avec le caractère parti-

culier de l'écorce cérébrale, ce qui nous permet
de résoudre en partie la question énigmatique
de savoir pourquoi la morale, tout comme le
génie, est non seulement un don rare, mais
encore un don attribué seulement à quelques
individus privilégiés.

# IV

## CONCLUSION

En terminant, je reviens à la question qui a fait l'objet du présent travail : Existe-t-il une pensée sans conscience ? Et peut-on voir les pensées ?

Il existe une *pensée sans conscience*, et cette pensée, c'est la fonction élémentaire physiologique des cellules ganglionnaires de l'écorce cérébrale, tout comme la sécrétion est la fonction élémentaire physiologique des épithéliums glandulaires, et la germination, celle de la graine fécondée, etc.

De même que la logique et la raison président à la germination et à la sécrétion, de même elles président à la fonction élémentaire des cellules corticales du cerveau. Celle-ci s'accomplit cependant d'une manière inconsciente: elle est le fait d'un mécanisme simple des cellules.

6.

Elle devient pourtant consciente dès qu'elle devient active, c'est-à-dire, pour peu que les excitations du monde exercent sur elle, par la voie des sens, leur action et leur influence, et que l'éducation et l'exercice non seulement la perfectionnent au point de vue technique, mais encore l'alimentent de tout ce qu'offre le monde réel et de tout ce qui est propre à donner à l'individu des chances de succès dans la lutte pour l'existence.

La pensée inconsciente ne constitue donc pas seulement la matière première de la pensée consciente, de toute la puissance intellectuelle de l'homme, elle fournit encore la matière de ses sentiments moraux et devient la source de certains troubles de l'équilibre psychique, dès qu'elle dépasse les bornes qui lui sont assignées par la physiologie.

Et de même qu'il existe une pensée sans conscience, de même il est possible de voir les pensées. En voici la démonstration rigoureuse.

Le passage de l'état inconscient de la pensée à l'état conscient résulte simplement de ce fait que l'image du monde pénètre, par la voie des sens, jusqu'à l'écorce cérébrale et *emplit de sa présence le laboratoire de la pensée inconsciente*. Grâce à la faculté de sentir qui lui est

propre, l'écorce cérébrale perçoit cette image.
Et grâce à cette autre faculté de projeter l'image
au point précis où se trouve la source des
irritations qui la provoquent, l'écorce cérébrale
la transporte au dehors. La perception *dans
l'écorce cérébrale* d'une irritation située au
dehors et *la projection au dehors de cette
perception* constituent ce que nous appelons,
suivant la nature des irritations qui provoquent la perception, *voir, entendre, sentir,
goûter*. Ce que l'écorce perçoit et projette, c'est
ce qui est perceptible *par les sens. Et ce qui
peut être perçu par les sens est, de sa nature,
réel*, donc *une chose* et une chose matérielle,
indépendamment de ses autres propriétés physiques telles que pesanteur, densité, etc.

Par conséquent tout ce que l'écorce cérébrale
*perçoit*, voit, entend, sent, goûte, peu importe
quand, où et en quel état elle le fait, tout cela
est *perceptible par les sens, est réel, matériel*.

Or, dans l'état subactif, elle perçoit les images
psychiques que les cellules ganglionnaires produisent « inconsciemment » et grâce à l'énergie
créatrice mécanique dont elles sont animées.
*Ces images psychiques, elle les voit.* Les images
psychiques constituant précisément *les pen-*

sées, *il s'ensuit que l'écorce cérébrale voit les* pensées.

Et voilà démontré que les pensées sont susceptibles d'être perçues par les sens.

Mais si la pensée est quelque chose de perceptible par les sens et si penser est la fonction spécifique de l'âme, il faut aussi que « l'âme » soit quelque chose de perceptible par les sens, donc quelque chose de matériel, étant donné que des enfants matériels ne peuvent descendre de mères immatérielles.

# TABLE DES MATIÈRES

[Cachet de bibliothèque]

BIBLIOTHÈQUE NATIONALE R.F. IMPRIMÉS

BUZANÇAIS (INDRE), IMPRIMERIE F. DEVERDUN.

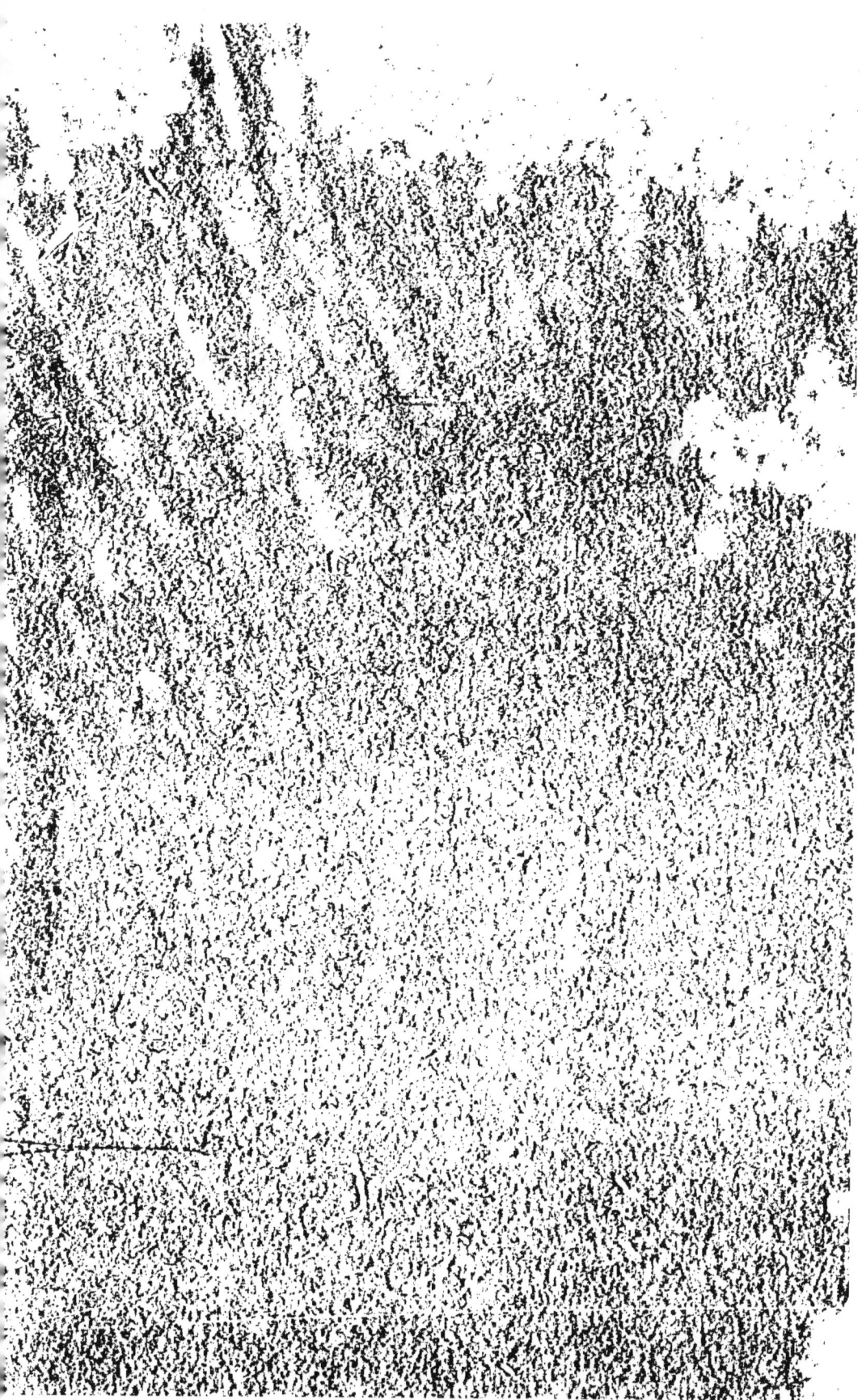

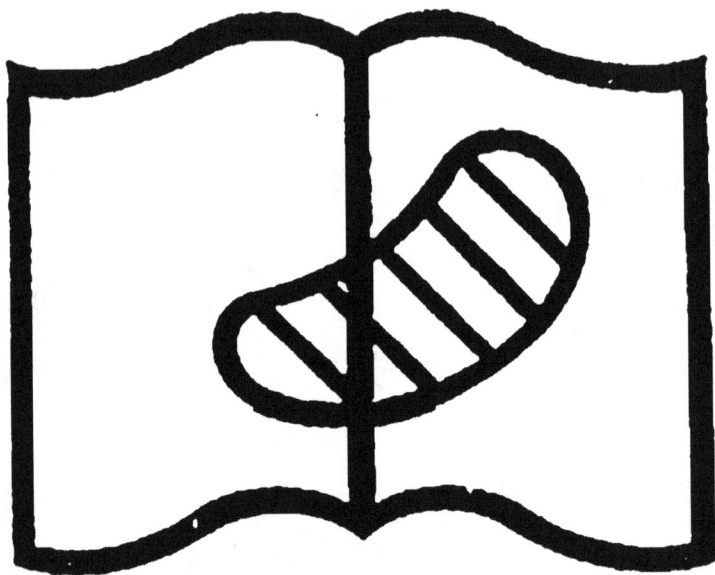

Original Ikbible

NF Z 43-120-10

# A LA MÊME LIBRAIRIE

BONNET (Géraud). — *Traité pratique d'hypnotisme et de sugges-
tion thérapeutiques*, Paris, 1905, 1 vol. in-18, 884 pages . . 8 50
BOSQUAIN (R.). — *Les applications médicales des courants de
haute fréquence*, 1900, in-8, 60 pages . . . . . . . . . 2 50
BERGOUIGNAN (Paul). — *Le traitement rénal des Cardiopathies
artérielles*, Préface de M. le D' H. Huchard. In-8 de 212 p. 6 »
BRAYE (Edmond). — *Herpétisme des organes génito-urinaires.
Hygiène et trait. de l'herpétisme*, 1902, in-18 jésus, 124 p. 3 »
— *Tuberculose primitive des organes génitaux*, 1902, 1 vol. in-18,
100 pages . . . . . . . . . . . . . . . . . . . . . 2 »
BOSVIEUX. — *Nature parasitaire de l'eczéma*, 1899, in-8, 64 p. 2 »
BROUSSAIS. — *Ambroise Paré, sa vie, son œuvre*, 1900, in-8,
58 pages . . . . . . . . . . . . . . . . . . . . . 2 50
CAT (A.). — *L'alcoolisme chez la femme*, 1900, in-8, 112 p. . 3 50
DUCOURNAU (F.). — *Des moyens de combattre la dépopulation par
la diminution de la mortalité infantile*, 1900, in-8, 107 p. . 3 50
FAIVRE. — *Aide-mémoire de pathologie générale élémentaire*, 1900,
1 volume in-18, 72 pages . . . . . . . . . . . . . . . 2 »
FERRAND. — *Hémiplégie chez les Vieillards*, 1 vol. in-8,
192 pages avec 6 planches . . . . . . . . . . . . . . 6 »
FILLASSIER (A.). — *De la détermination des décrets publics en
matière d'hygiène*, Paris, 1902, 1 vol. in-8, 3' édition 15 »
GOTTSCHALK. — *Traitement des plaies*, 1 vol. in-8, 196 p. 5 »
LATTEUX. — *Manuel de technique microscopique ou guide pratique pour l'étude et le maniement du microscope*, 3' édition,
1 volume in-8, 820 pages, avec une planche photographiq. 5 »
LÉGER (G.). — *Du régime administratif des aliénés et des réformes
projetées*, 1900, 1 vol. in-8, 112 pages . . . . . . . . . 6 »
LEPRINCE. — *La myopie, son hygiène, son traitement*, 1901, 1 volume
in-18 avec figures . . . . . . . . . . . . . . . . . 3 »
LEPRINCE. — *Tableaux synoptiques de matière médicale*, 1901,
1 vol. in-18 . . . . . . . . . . . . . . . . . . . . 1 50
LEROUX (L.). — *Pathogénie, diagnostic et traitement des arthrites
à pneumocoques*, 1899, in-8, 140 pages . . . . . . . . . 4 »
MAROIS. — *Guide pratique de l'Assistance médicale gratuite*, 1900,
1 volume in-8, 398 pages . . . . . . . . . . . . . . . 4 »
MINIME. — *La Médecine anecdotique, historique et littéraire*, 1901,
1902, 1903, chaque année formant 1 beau volume in-8, avec figures
et planches hors texte . . . . . . . . . . . . . . . . 15 »
PONTICH (E.). — *Nouvelles notes sur la vie*, 1900, in-18, 190 p. 1 50
PONTICH (E.). — *Notes sur la vie*, 1900, 1 vol. in-18 . . . 1 »
POZZI-ESCOT. — *Nature des diastases*, 1903, 1 vol. in-18, 112 p. 3 »
PRON. — *Influence de l'estomac sur l'État mental et les fonctions
psychiques*, 2' édition, 1904, 1 vol. in-18, 188 p. . . . . . 3 »
ROUSSY (A.). — *Aperçu historique sur les Ferments et les Fer-
mentations normales et morbides, s'étendant des temps les plus
reculés à l'année 1900*, 1 vol. in-8 de 138 pages . . . . . 7 »
ROUSSY (A.). — *Les Progrès de la Science et leurs colonisateurs
délaissés*, 1902, 1 vol. in-8, 132 pages . . . . . . . . . 4 »
STRAUSS (P.) et FILLASSIER (A.). — *Loi sur la protection de la
santé publique (Loi du 15 février 1902). Travaux législatifs, guide
pratique et commentaire*, 2' édition, 1905, 1 vol. in-8, 504 p. 10 »
VIGNAUD (Martial). — *Historique de la Paralysie générale*, 1902,
1 vol. in-8, 136 pages . . . . . . . . . . . . . . . . 4 »

---

IMPRIMERIE F. DEVEAUDUN, BUZANÇAIS (INDRE).

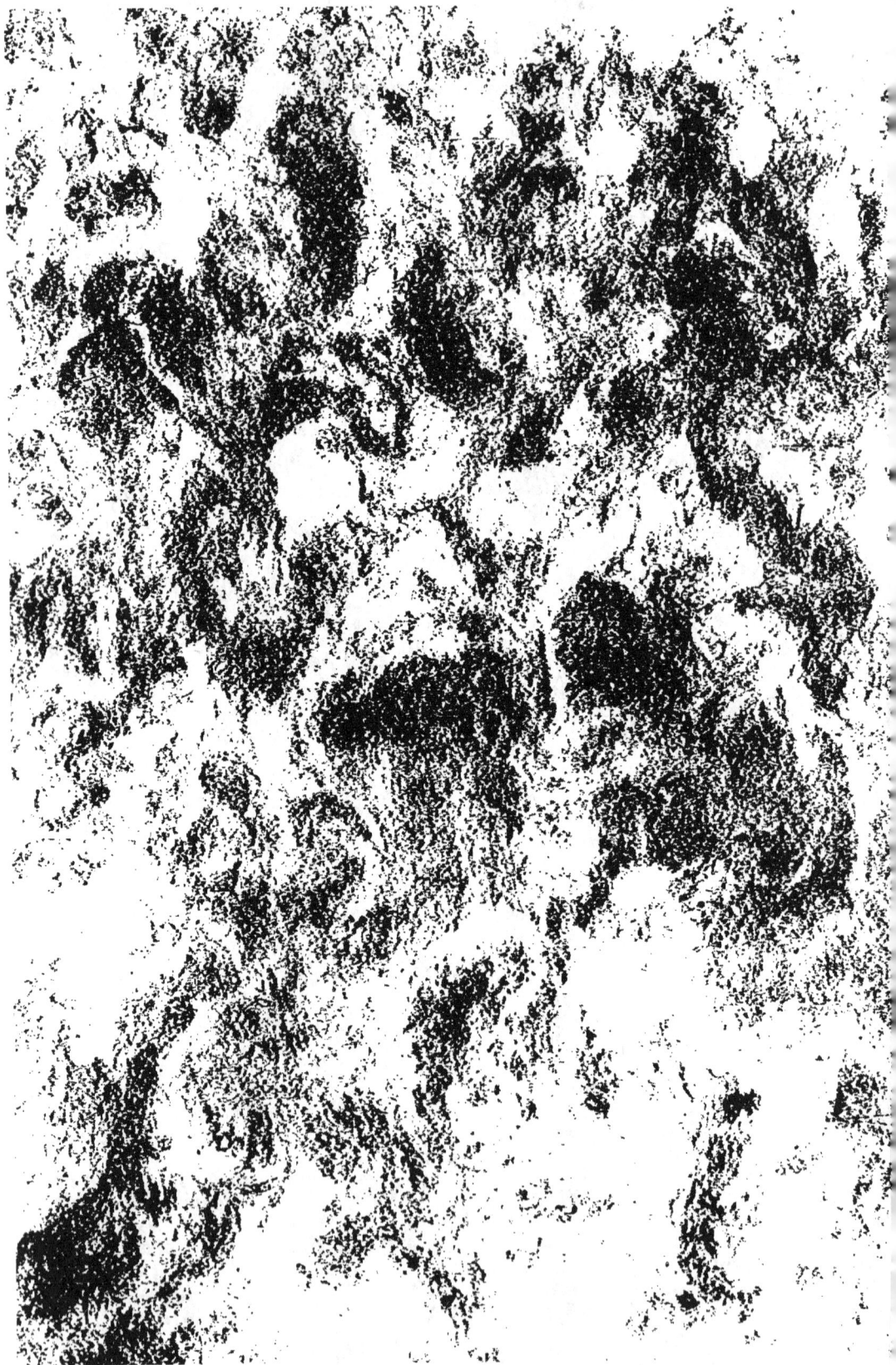

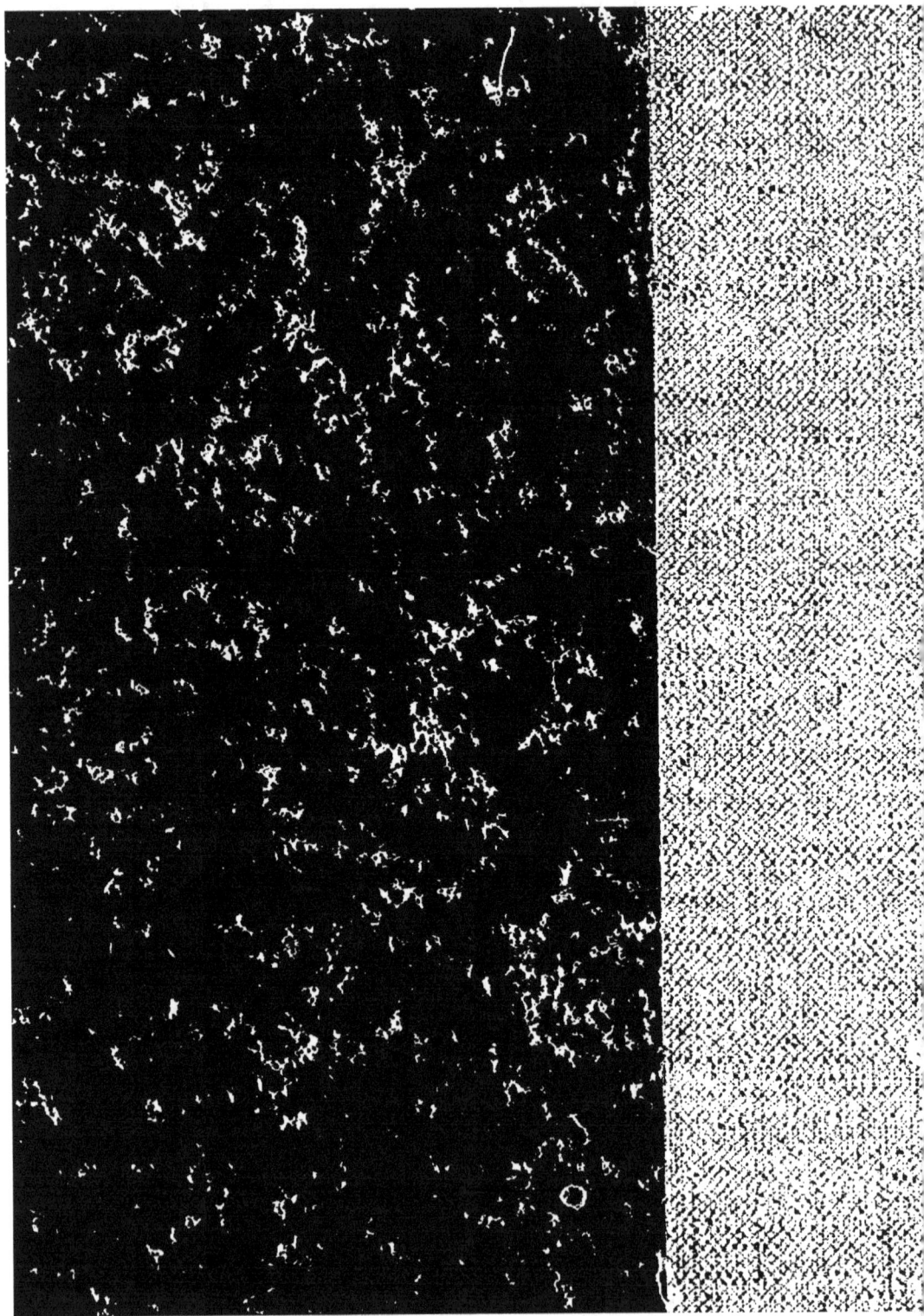

www.ingramcontent.com/pod-product-compliance
Lightning Source LLC
Chambersburg PA
CBHW060621100426
42744CB00008B/1463